Fallen-Können und Bewegungslernen

Eine empirische Untersuchung über
Effekte der Judofalltechniken (Ukemi)
auf das Erlernen sportlicher Bewegungen

Dissertation

zur Erlangung des akademischen Grades
eines Doktors der Philosophie (Dr. phil.)

der

Erziehungswissenschaftlichen Fakultät
der Pädagogischen Hochschule Erfurt

vorgelegt von

Uwe Mosebach

Erfurt 1997

Meinem Vater, der es nicht mehr miterleben konnte,
in Dankbarkeit gewidmet.

Erstes Gutachten: Univ.-Prof. Dr. Eberhard Loosch (PH Erfurt)
Zweites Gutachten: Univ.-Prof. Dr. Robert Prohl (PH Erfurt)
Drittes Gutachten: Univ.-Prof. Dr. Peter Blaser (Universität Magdeburg)

Tag des Rigorosums: 4.12.1997
Tag der Disputation: 18.12.1997
Datum der Promotion: 18.12.1997

© Copyright 1997 by Verlag Dieter Born, Bonn

Alle Rechte der Verbreitung, auch durch Film, Funk und Fernsehen, fotomechanische Wiedergabe, Tonträger jeder Art, auszugsweisen Nachdruck oder Einspeicherung und Rückgewinnung in Datenverarbeitungsanlagen aller Art, Einspielung ins Internet, sowie Übersetzung in andere Sprachen sind vorbehalten.

Satz: Verlag Dieter Born

Druck: Prisma Druck, Frankfurt/Main

Printed in Germany

ISBN 3-922006-13-2

FALLEN-KÖNNEN UND BEWEGUNGSLERNEN
Eine empirische Untersuchung über Effekte der Judofalltechniken (Ukemi) auf das Erlernen sportlicher Bewegungen

Inhaltsverzeichnis

		Seite
1.	Einleitung	7
2.	"Fallen" als Bewegungsproblem in Theorie und Praxis	9
2.1	Stürzen und Fallen - Definitionen	11
2.2	Fallen in verschiedenen Sportarten	14
2.2.1	Fallen im Judo	14
2.2.2	Fallen im Fußball	18
2.2.3	Fallen im Volleyball	20
2.2.4	Fallen im Handball	22
2.3	Fallen als sportpsychologisches Problem	27
2.3.1	Angst und Aufmerksamkeit	27
2.3.1.1	Zur Angst im Sport	28
2.3.1.2	Zur Aufmerksamkeit im Sport	31
2.3.2	Zur Beziehung zwischen Angst, Aufmerksamkeit und Fallen im Sport	34
2.4	Fallen als Problem des Bewegungslernens	36
2.4.1	Zur Einheit von Wahrnehmung und Bewegung	36
2.4.2	Zum Zusammenhang von Haltung und Gleichgewicht	39
2.4.3	Zur Beziehung von Gleichgewicht und Fallen	41

2.4.4	Zur Einführung des Begriffs "Bewegungsqualität"	42
2.4.5	Zur Einführung des Begriffs "Bewegungsleistung"	45
2.4.6	Zum Prozeß des Bewegungslernens	48
2.4.7	Zum Bewegungslernen durch Transfer	51
2.5	**Ukemi - Fallen als Lernthema des Judo**	53
2.5.1	Zum Gleichgewicht im Judo	53
2.5.2	Zur Darstellung der Ukemi	55
2.5.3	Zum Erlernen der Ukemi	56
2.5.4	Judo und Ukemi im Schulsport	58
3.	**Versuchsplanung und Versuchsdurchführung**	59
3.1	Entwicklung der allgemeinen Fragestellung	59
3.2	Hypothesen	61
3.3	Formale Planung der Untersuchung zum Fallen	62
3.4	Untersuchungsdesign und Erhebungsinstrumente	63
3.4.1	Zu den Untersuchungsgruppen und Aufgabenstruktur	63
3.4.2	Inhaltliche Planung des Untersuchungsablaufs	66
3.4.3	Zum Einsatz semantischer Differentiale	68
3.4.4	Verfahren der Datenauswertung	72
4.	**Ergebnisse der empirischen Untersuchung**	75
4.1	Voruntersuchung	75
4.1.1	Die Körpergröße der Versuchspersonen	76
4.1.2	Ergebnisse im Kasten-Bumerang-Lauf	77
4.1.3	Ergebnis des Bilder-Angst-Tests	78

4.1.4 Sturzerlebnisse und Verletzungen ... 80
4.1.5 Befragung zur Sturzangst ... 84

4.2 Ergebnisse in der Testaufgabe Hocke über einen Doppelbock ... 86
4.2.1 Die Bewegungsleistung ... 86
4.2.1.1 Vergleich der Mittelwerte der Bewegungsleistung ... 86
4.2.1.2 Vergleich der Mittelwerte der Bewegungsleistung über die Meßzeitpunkte ... 88
4.2.2 Die Bewegungsqualität ... 91
4.2.2.1 Vergleich der Mittelwerte der Gruppen zum 1. MZP ... 91
4.2.2.2 Vergleich der Mittelwerte der Gruppen zum 2. MZP ... 92
4.2.2.3 Vergleich der Mittelwerte der Gruppen zum 3. MZP ... 96
4.2.2.4 Korrelation der Variablen der Bewegungsleistung und der Bewegungsqualität bei der Hocke über einen Doppelbock ... 102

4.3 Ergebnisse in der Testaufgabe Handballfallwurf ... 104
4.3.1 Die Bewegungsleistung ... 105
4.3.1.1 Vergleich der Mittelwerte der Gruppen ... 105
4.3.1.2 Vergleich der Mittelwerte der Gruppen über die Meßzeitpunkte ... 108
4.3.1.3 Vergleich der erreichten Treffer ... 111
4.3.2 Die Bewegungsqualität ... 113
4.3.2.1 Vergleich der Mittelwerte der Gruppen zum 1. MZP ... 113
4.3.2.2 Vergleich der Mittelwerte der Gruppen zum 2. MZP ... 115
4.3.2.3 Vergleich der Mittelwerte der Gruppen zum 3. MZP ... 117
4.3.2.4 Korrelation der Variablen der Bewegungsleistung und der Bewegungsqualität beim Handballfallwurf ... 124

4.4 Ergebnisse in der Testaufgabe "Hechtrolle über einen Kasten" ... 125
4.4.1 Die Bewegungsleistung ... 126

4.4.1.1 Vergleich der Mittelwerte..127
4.4.1.2 Vergleich der Mittelwerte der Gruppen über die Meßzeitpunkte...........129
4.4.2 Die Bewegungsqualität..132
4.4.2.1 Vergleich der Mittelwerte der Gruppen zum 1. MZP...........................132
4.4.2.2 Vergleich der Mittelwerte der Gruppen zum 2. MZP...........................133
4.4.2.3 Vergleich der Mittelwerte der Gruppen zum 3. MZP...........................136
4.4.2.4 Korrelation der Variablen der Bewegungsleistung und der Bewegungsqualität bei der Hechtrolle..143
4.4.3 Ergebnisse in der Befragung zur Angst vor der Höhe des Kastens.............145
4.4.3.1 Vergleich der Mittelwerte der Gruppen...146
4.4.3.2 Vergleich der Mittelwerte der Gruppen zum 2. und 3. MZP.................147

4.5 Untersuchungsergebnisse zur Angst vor Stürzen......................................150
4.5.1 Untersuchungsergebnisse zur Angst vor Stürzen und Vergleich zwischen den Gruppen bis zum 2. MZP...150
4.5.2 Untersuchungsergebnisse zur Angst vor Stürzen und Vergleich zwischen den Gruppen zum 3. MZP..153

5. **Diskussion der Ergebnisse und übungsmethodische Schlußfolgerungen**..156

5.1 Interpretation der Ergebnisse und Hypothesenüberprüfung........................156
5.2 Übungsmethodische Schlußfolgerungen...159

Literatur..161

Verzeichnis der Abbildungen und Tabellen..169

1. Einleitung

Fallen und Stürzen sind in der Sportwissenschaft bisher kaum thematisiert worden. Der Ansatz mag zunächst banal erscheinen, aber es soll in der vorliegenden Arbeit gezeigt werden, daß mit diesem Thema nicht nur etwas Neues sondern vor allem etwas Wichtiges für das Fach in den Blick genommen wird.

Während Kinder das Gehen und Laufen lernen, machen sie immer wieder die Erfahrung des Fallens. Man kann daher davon ausgehen, daß am Anfang der menschlichen Fortbewegung auch die Bewegungsform Fallen erworben wird. Damit gehört Fallen ebenso zu den Grundformen der Bewegung, wie Laufen, Springen, Rollen u.a. Kleinen Kindern gelingt es meistens, Stürze geschickt abzufangen, ohne sich ernsthaft zu verletzen, denn Kinder fallen "weich". Während jedoch mit zunehmendem Alter alle Bewegungsformen vervollkommnet werden und schließlich außerhalb unseres "Wollens" durch Selbstregulation ablaufen (BUYTENDIJK 1967), geht die Fähigkeit, verletzungsfrei zu fallen (Fallkompetenz), mit zunehmendem Alter verloren. Das belegen Untersuchungen von LUTZEIER (1986) und KUNZ (1990). Die Gründe für den Verlust der Kontrollkompetenz über die Bewegung und die Zunahme von Sturzunfällen werden im Kapitel 2 dargestellt. Zu diesem Zweck ist zunächst eine begriffliche Differenzierung zwischen "Sturz" und "Fall" erforderlich (Abschn. 2.1).

Welche Bedeutung das Fallen für den sich im Sport bewegenden Menschen hat, kann am deutlichsten anhand einer quantitativen (Anzahl) und qualitativen (wirkende Kräfte) Analyse in ausgewählten Sportarten gezeigt werden. Allerdings sind Untersuchungen zum Fallen selten, sieht man einmal von den Ausführungen in der Judoliteratur zu den Falltechniken (Ukemi) ab[1].

Empirische Befunde über hohe Fall- und Sturzhäufigkeiten im Fußball (MOSEBACH/PFEIFER 1997), Handball und Volleyball (HELLER/MOSEBACH

---

[1] Judo ist vom Japaner Jigoro KANO Ende des 19. Jahrhunderts als eine neue Form der Körpererziehung vorwiegend für die Jugend entwickelt worden. Erste Ausführungen zu einer Meisterlehre des Fallens gibt es seit 1867 (vgl. KURIHARA/WILSON 1966).

1996) unterstreichen die Bedeutung der methodischen Beachtung des Fallens in der Trainings- und Wettkampfpraxis von Spielsportarten (Abschn. 2.2).

Wie erwähnt, scheint mit zunehmendem Alter des Menschen Fallkompetenz verloren zu gehen. Somit wird "Fallen" zu einem sportpsychologischen Problem (Abschn. 2.3). Intervenierende psychomotorische und psychologische Faktoren wie Risikobereitschaft, Angst vor Verletzungen (LEVITT 1987[5]; BAUMANN 1993), die "innere" Sicherheit bei der Ausübung von Bewegungen oder die Zentrierung der Aufmerksamkeit (HAHN 1992[6]; HEILEMANN/MÜLLER 1993) auf Bewegungshandlungen werden durch das Fallen/Stürzen tangiert. Freiheitsgrade im menschlichen Bewegungshandeln, vor allem beim Bewegungslernen, werden durch die Angst vor Stürzen eingeschränkt. Der praktischen Relevanz der Thematik steht jedoch nur eine sehr geringe Anzahl wissenschaftlicher Arbeiten und Publikationen gegenüber. Betrachtet man "Fallen" als Problem des Bewegungslernens (Abschn. 2.4), spielen Wahrnehmung und Bewegung (v. WEIZSÄCKER 1986[5]), Haltung und Gleichgewicht (BUYTENDIJK 1967) eine entscheidende Rolle.

Bewegungslernen ist ein Hauptanliegen des Sportunterrichts. Es wird gefragt, was getan werden kann, um die Fallkompetenz und damit die Bewegungskompetenz der Schüler zu verbessern. Ausgehend von den Problemen, die das Fallen/Stürzen Schülern bereitet (SCHIERZ 1982), wird nach Möglichkeiten gesucht, eine methodisch fundierte "Fallschule" als Transfermöglichkeit (LEIST 1979, 1992[6]; EDELMANN 1986[2]) zur Absicherung des Lernens schwieriger Bewegungen einzuführen. In der vorliegenden Arbeit wird auf Prinzipien und Elemente der Ukemi im Judo (vgl. WOLF 1983[18]; LEHMANN/MÜLLER-DECK 1986) zurückgegriffen (Abschn. 2.5). Die aufrechte Haltung und das "Im-Gleichgewicht-sein" des Menschen wird in den fernöstlichen Kampfsportarten thematisiert. Fernöstliche Lehren zielen auf ein umfassenderes Verständnis vom Gleichgewicht. Die Zentrierung der "Mitte" bewahrt Haltung und Gleichgewicht (BINHACK/KARAMITSOS 1992), so daß ein Fall oder Sturz keine körperliche oder geistige Ablenkung bewirken kann.

Judo wird nicht nur in den Vereinen ausgeübt, Judo ist auch fakultativer Teil des Lehrplanstoffs im Schulsport. Zunehmend haben sich Sportlehrer die Vorzüge dieser Kampfsportart zunutze gemacht (vgl. CLEMENS/METZMANN/SIMON 1989; SÜSSENGUTH 1997). Ob und welche Effekte im Lernprozeß bei schwierigen Bewegungen außerhalb des Judo mit den Ukemi im Sportunterricht zu erreichen sind, ist Gegenstand einer Untersuchung in neunten Klassen eines Erfurter Gymnasiums, die im Jahr 1995 durchgeführt wurde. Die Fragestellung lautet, ob mit Hilfe von Ukemi bei Übungsaufgaben, die ein Fallen oder Stürzen beinhalten, das Erlernen von Bewegungen unterstützt und verbessert werden kann.

Anhand eines prozeßanthropologischen Modells des Bewegungslernens (PROHL 1991) und einer spezifischen Erweiterung durch GRÖBEN (1995b), werden theoretische Grundlagen zum Zweck der Formulierung empirisch prüfbarer Hypothesen eingeführt. Vermittels der Konstrukte "Bewegungsqualität" (PROHL 1990, 1991) und "Bewegungsleistung" (GRUPE 1982; MARTIN u.a. 1993[2]) wird die empirische Untersuchung geführt und ausgewertet. Im Anschluß an eine Darstellung des Untersuchungsdesigns, des methodologischen Vorgehens und der Auswertungsverfahren im Kapitel 3, werden die Resultate der Untersuchung im Kapitel 4 vorgestellt. Die sportpraktische und didaktische Relevanz der Untersuchungsergebnisse zum Einfluß der Ukemi auf das Bewegungslernen werden im Kapitel 5 abschließend diskutiert.

2. "Fallen" als Bewegungsproblem in Theorie und Praxis

Die menschliche Bewegung und das Bewegungslernen vollziehen sich in vielen verschiedenen Formen. "Die Fülle der Formen sportlicher Bewegungen und die Vielfalt der Faktoren, die diese Formen bedingen, scheint unüberschaubar" (GÖHNER 1979, S. 9). Fallen und Stürzen als Bewegungsproblem sind in der Sportwissenschaft bisher kaum thematisiert worden, obwohl man das Fallen als eine Grundform der menschlichen Bewegung ansehen kann (FELDENKRAIS 1987). Fallsituationen sind alltägliche Begleiterscheinungen des menschlichen Handelns.

Der Zugang zum Thema Fallen kann von unterschiedlichen Betrachtungsweisen aus erfolgen. Die Veränderungen der Umwelt- und Lebensbedingungen, der Einfluß von Wissenschaft und Technik bedingen eine Zunahme der Bewegungsarmut (vgl. GRUPE 1980[5]). Für diesen Prozeß der Entwicklung der menschlichen Gesellschaft wurde der Begriff der *sozialökologischen Betrachtungsweise* geprägt (vgl. BAAKE 1984; BAUR 1989; DIETRICH/LANDAU 1990; KUNZ 1993). Der wissenschaftlich-technische Fortschritt hat die Bewegungsmöglichkeiten des Menschen entscheidend beeinflußt. So wurde durch den Einsatz technischer Hilfsmittel im Alltag die Eigenbewegung des Menschen drastisch reduziert. "Zwischen Stadt und Land bestehen sicherlich Unterschiede, aber für dichtbesiedelte Gebiete gilt generell, daß die extreme Bebauung und die stete Zunahme der Motorisierung den Kindern die Bewegungsräume beschneidet" (SCHEID/PROHL 1988[3], S. 19). Bewegungsmangel und ein Defizit an Bewegungsfreiheit führen auch dazu, daß das Fallen-Können als Bewegungserfahrung und "elementares Bewegungsrepertoire" (BAUR 1989, S. 257) verloren geht. Die aus der Bewegungsarmut resultierende mangelnde Bewegungserfahrung bei Kindern läßt vermuten, daß damit auch die Schwere der Stürze und Verletzungen zunimmt (KUNZ 1990).

Analog dieser Vermutung ist die *medizinische Betrachtungsweise* des Stürzens/Fallens ein weiterer Zugang zum Thema (vgl. HEIß 1977; PETERSON/RENSTRÖM 1987[2]; HAAK 1993). Allerdings überwiegen hier Analyse, Prophylaxe und Diagnose von Sturzunfällen. Verletzungen resultieren meist aus den hohen Kräften, die bei Stürzen auftreten. Die Biomechanik als Teilgebiet der Sportwissenschaft beschäftigt sich mit Untersuchungen, Berechnungen und Messungen der Bewegungen auf der Basis mechanischer Gesetzmäßigkeiten (vgl. DONSKOI 1975; WILLIMCZIK 1987). Demnach kann man in der Analyse und Berechnung von wirkenden Kräften beim Sturz/Fall eine *biomechanische Betrachtungsweise* erkennen (vgl. dazu WATANABE/AVAKIAN 1981[9]).

Frühe Ausführungen zu den Ukemi im Zusammenhang zum "Abbau angstbedingter Bewegungsstörungen bei Judoanfängern" liegen von KRÜGER (1977) vor. Erste Ansätze einer erlebnisorientierten und kindzentrierten Form der Bewegungserziehung zum Fallen schlugen SCHIERZ (1982) und LUTZEIER (1986) für den Sportunterricht vor. Beide versuchten, ausgehend von einer sozialökologischen Betrachtungsweise, die Judofalltechniken in den Sportunterricht als Methode zur Absicherung der Schüler beim Bewegungslernen einzuführen. SCHIERZ ging in seiner Methodik von Möglichkeiten der Körpererfahrung aus und integrierte Varianten einer Material- und Sozialerfahrung in sein Konzept. Seine "Erkundung und Gestaltung von Fallgelegenheiten" bezog unterschiedlichste Geräte ein. Gefühle wie Angst, die mit dem Fallen zu tun haben, wurden im Unterricht mit den Schülern besprochen (vgl. SCHIERZ 1982, S. 390). LUTZEIER (1986) stellt ebenfalls Möglichkeiten des Fallen-lernens für den Schulsport mit Ukemi dar.

2.1 Stürzen und Fallen - Definitionen

In einer vielbeachteten empirischen Untersuchung hat KUNZ (1990) darauf hingewiesen, daß Stürze die häufigste Unfallursache bei Kindern sind. Schwerpunkte der Sturzunfälle liegen hier beim Klettern an Spielgeräten, Stürze "beim Laufen und Rennen" sowie durch Zusammenprall mit anderen Kindern (vgl. a.a.O., S. 99). Als Auslöser für Stürze werden mangelnde Bewegungserfahrung und damit verbunden eine gleichzeitige Bewegungsungeschicklichkeit genannt. Ein Grund für Bewegungsmangel kann in dem von GRUPE (1980^5) bereits genannten "Prozeß zunehmender Bewegungsverarmung und Bewegungsunterdrückung" liegen (vgl. auch SCHEID/PROHL 1988^3).

In den statistischen Erhebungen, die von LUTZEIER (1986) zur Beurteilung von Folgen und des Ausmaßes von Schülerunfällen herangezogen werden, nehmen Stürze einen großen Anteil ein. Auch für den Erwachsenenbereich, und hier in Abhängigkeit vom zunehmenden Alter des Menschen, spielt das Fallen/Stürzen eine Rolle, da die Schwere der Verletzungen (Frakturen) zunimmt. Neben den Verletzungen im Sport und im Alltag hat das Fallen für Erwachsene auch eine soziale und psychologisch beeinflussende Bedeutung. "Grundsätzlich gilt das Fallen im Alltag als Zeichen von

Schwäche oder Ungeschicklichkeit, und jeder Mensch versucht instinktiv seine vertikale Position unter allen Umständen beizubehalten" (CLEMENS u.a. 1989, S. 79). Man findet in diesem Ansatz eine Form des "Verhaftet-seins" mit der aufrechten Position. Nach SCHIERZ (1982) kann hier die Bedeutung des Falls (noch als Synonym gebraucht) erfahren werden: Die *personale Bedeutung* teilt mit, daß man Angst vor Verletzungen hat und kein Aufsehen erregen möchte. Die Integrität und der soziale Status einer Person sollen nicht beeinträchtigt werden. Die individuelle Einstellung zum Sturz wird dahingehend ausgedrückt, daß Stürzen im Alltag als sehr "peinlich" empfunden wird. Die *körperliche-materielle Bedeutung* des Falls zeigt den unmittelbaren Vorgang, eben den Aufprall des Körpers. Wenn wir ihn nicht geschmeidig abfedern können, erfahren wir den Schmerz und unsere momentane Hilflosigkeit, die das Verlangen, fallen zu können, bestärkt. Man erkennt Anlaß, Verlauf und das Ende des Sturzes. Dabei fügt uns die Konsistenz des Untergrundes Schaden zu, wenn der Vorgang überraschend und ohne "Gegenwehr" erfolgt. Die *soziale Bedeutung* maßregelt das gestürzte Individuum. Der Verstoß gegen Etikette und die Erwartungen der Öffentlichkeit kennzeichnen eine Person, die gestürzt ist. Wird der Person Hilfe gegeben, erweitert das den sozialen Aspekt, weil z. Bsp. Gefühle des Bedauerns geweckt wurden.

Umgangssprachlich wird kaum eine Trennung zwischen Sturz und Fall vorgenommen. Beide Begriffe, Sturz und Fall, werden im Alltag oft wie selbstverständlich unterschiedslos und auch unreflektiert verwendet. Man kann weiterhin feststellen, daß der Begriff Fall auch in anderen Zusammenhängen gebraucht wird. Wir beschränken uns aber in den nachfolgenden Ausführungen ausschließlich auf die Kategorien der menschlichen und spezieller der sportlichen Bewegung. BAUMANN (1993, S. 239) hat in seinen Darstellungen zur "Psychologie im Sport" einen übergreifenden Zusammenhang zwischen der Gegenstandsbestimmung von angstauslösenden Faktoren und der Sturzgefahr hergestellt. Danach betrachtet er, neben anderen Faktoren, die Sturzgefahr als "primären Angstauslöser". Er definiert Sturz als "... plötzlicher Entzug der Unterlage, Gleichgewichtsverlust. Durch den Sturz verliert der Mensch die Kontrolle über seinen Körper, seine Bewegungen und sein Gleichgewicht. Der Sturz versetzt ihn plötzlich in eine Situation, deren Bewältigung nicht mehr gewährleistet ist" (Ebenda, S. 239f). Fallen-Können verhindert den Kontrollverlust der Bewegung durch einen Sturz und ist als eine Voraussetzung des sportlichen Handelns anzusehen. Die Bedeutung der Differenzierung von Sturz und Fall ist für eine Erweiterung der Sportmethodik wichtig. Aus diesem Grund ist es erforderlich, eine semantische Unterscheidung zwischen Sturz und Fall vorzunehmen:

*Als **Sturz** bezeichnet man eine widerfahrende Situation, die durch den ungewollten, plötzlichen Niedergang auf den Boden im Ungleichgewicht gekennzeichnet ist. Dies kann mit Schmerz und/oder Verletzungen verbunden sein.*

*Der **Fall** bezeichnet den gewollten oder bewußt gesteuerten Niedergang auf den Boden. Das Gleichgewicht des Standes wird aufgegeben. Fallen kann auch als technisch/taktische Aktion im Sport verstanden werden.*

Im Rahmen der Untersuchungen zu Judofalltechniken muß das Fallen weiter differenziert werden. Fallen im Judo stellt sich in mehreren Formen dar, deshalb wird es wie folgt unterteilt:

*Der Prozeß des **Geworfen-werdens** bedingt den Einsatz einer für den Fallenden optimalen Körperhaltung und -technik, die Verletzungen vermeiden und weitere Handlungsfreiheit gestatten soll.*

*Unter **Fallen-intendieren** versteht man das bewußte Auslösen der Handlung "Fallen" als Bewegungstechnik im Prozeß des Übens und Lernens mit dem Ziel, eine Bewegungsschulung durchzuführen.*

Der Fall als Bewegungsziel wird größtenteils im Spiel oder in der sportlichen Betätigung der Menschen zu finden sein. Selbst eine ungeschickte, mit kurzzeitigem Schmerz verbundene Aktion wird nicht weiter thematisiert, weil Fallen ein "Flow-Erlebnis" hervorrufen kann (vgl. CSIKSZENTMIHALYI 1987). Der Fall als taktisches Element im Sport (Sprung- und Fallwurf im Handball, Rückfallzieher im Fußball, "Opferwurf" im Judo ...) findet seine Anwendung, auch unter Hinnahme der Konsequenz, daß die Bewegung nicht immer schmerzfrei abläuft.

2.2 Fallen in verschiedenen Sportarten

"Nun gibt es Sportarten oder Teilbereiche von Sportarten, bei denen das Fallen-Können eine wesentliche Bedingung darstellt. Man denke nur an Fußballspieler oder Torwarte, Eishockeyspieler u.v.m., ja bei fast allen Sportarten kann es zu Situationen kommen, in denen ein Sportler fällt" (CLEMENS/METZMANN/SIMON 1989, S. 79). Wie sich der Themenkomplex in einzelnen Sportarten darstellt, wird im Anschluß gezeigt. Dabei wird auf verschiedene Sportarten eingegangen, in denen das Fallen-Können eine Voraussetzung für das Beherrschen des Sportes (Judo) ist. Außerdem werden Sportarten untersucht, in denen das Fallen und Stürzen sehr oft zu beobachten ist (Fußball, Volleyball, Handball).

2.2.1 Fallen im Judo

"Bei keiner dieser Sportarten ist jedoch das Erlernen und Anwenden eines kontrollierten und sicheren Fallens von so großer Bedeutung wie im Judosport. Keine andere Sportart hat das Fallen als Lehr- und Lernziel so stark systematisiert und in den Übungsablauf integriert wie Judo" (CLEMENS/METZMANN/SIMON, 1989 S. 79). Judo gehört zu den Kampfsportarten, die durch den Einsatz von Wurf- und Grifftechniken ein Fallen-Können voraussetzen (vgl. HOFMANN 1983; KANO 1989[3]; WOLF

1983[18]). Die Falltechniken bewirken das Abfedern der hohen Fallkräfte nach Wurftechniken.

Erste Betrachtungen zu Kräften, die bei einem Judowurf auftreten, legten WATANABE/AVAKIAN (1960/1981[9]) vor. Sie führten eine mathematisch-physikalische Ableitung für den Wurf Kata-Guruma (Schulterrad) herbei. Danach erreicht ein 75 kg schwerer Judoka, wenn er nach einem Kata-Guruma aus einer Höhe von 1,5 m fällt, nach 0,5 s eine Fallgeschwindigkeit von 490 cm/s. Nun multiplizierten WATANABE/AVAKIAN (1981[9]) das Gewicht des Uke[2] mit der Geschwindigkeit. "If we take the time that is required to stop the body as a unit, the resisting force of the mat is found as follows:

mv = resisting force of mat
= 75 kg x 490 cm/sec
= 36750 kg cm/sec" (Ebenda, S. 96).

Der errechnete Wert kennzeichnet den Kraftstoß nach einem Kata-Guruma. Da hier keine Zeit angegeben war, in welcher der Impuls vom Uke aufgenommen wird, können keine Aussagen zur Fallkraft von Uke gemacht werden. Im Zusammenhang von Fallen und Geworfen-werden im Judo wollten wir wissen, wie groß die Kräfte sind, die beim Fallen auf den Geworfenen wirken. Am Institut für Angewandte Trainingswissenschaften in Leipzig (IAT) war es möglich, Messungen zum Fallen und zu auftretenden Kräften bei Judowürfen und anderen sportlichen Techniken vorzunehmen. An zwei zusammengeschalteten dynamometrischen Meßplattformen wurde entsprechende Computer- und Steuertechnik angeschlossen und eine 3-D-Videoanalyse vorgenommen, um dadurch gleichzeitig die Fallgeschwindigkeit des Uke zu ermitteln. Meßpunkte am Körper waren die Hüfte und eine Ferse. Die Hüfte wurde gewählt, da sie bei vielen Würfen im Judo den Körperschwerpunkt (KSP) bildet. Die Ferse ist der vom KSP entfernteste Punkt im Niederwurf. Durch eine größere Entfernung von der Drehachse und damit einem längeren Fallweg der Ferse war zu erwarten, daß hohe Fallgeschwindigkeiten und -kräfte durch die Rotation auftreten. Die Plattformen waren mit

---

[2] Uke bezeichnet den Fallenden, den nichtangreifenden Judoka; Tori ist der Werfer, der angreifende Kämpfer.

einer Tatami (Judomatte) bedeckt. Die für das Fallen zu Verfügung stehende Fläche betrug etwa 1 x 2 m. Als Uke stand ein Sportstudent (1. Dan) mit 78 kg Körpergewicht zur Verfügung. Tori wog 86 kg (5. Dan), beide Aktiven waren keine Leistungssportler. Vor und um die Versuchsfläche wurden Matten gelegt, um eine Verletzungsgefahr auszuschließen und um die gleiche Höhe mit dem Meß-Plateau zu erreichen. Außerdem sollte vom gleichen Niveau (Standfläche der Füße) abgeworfen wie gefallen werden. Am IAT Leipzig wurden mehrere Judowürfe, Übergänge vom Stand zum Boden, Mitfalltechniken sowie Fall- elemente aus anderen Sportarten getestet. Die Ergebnisse der Fallkraft einzelner Judowürfe und -techniken sind in der folgenden Abbildung 1 dargestellt.

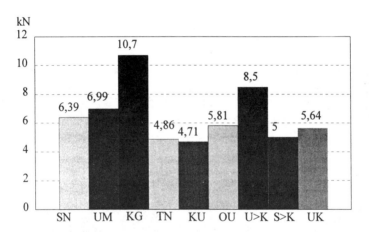

Abb. 1: Fallkräfte im Judo bei verschiedenen Techniken

Legende:
SN = Seoi-Nage (Schulterwurf)
UM = Uchi-Mata (Innerer Oberschenkelwurf)
KG = Kata-Guruma (Schulterrad)
TN = Tomoe-Nage (Kopfwurf)
KU = Ko-Uchi-Gari (Kleine Innensichel)
OU = O-Uchi-Gari (Große Innensichel)
Übergänge Stand > Boden:
U>K = Uki-Goshi > Kesa-Gatame (Hüftwurf > Seitliche Festhalte)

S>K = Seoi-Nage > Kami-Shio-Gatame (Schulterwurf > Oberer Vierer)
UK = Ukemi (Judofalltechnik, hier Rolle vorwärts),
Terminologie nach HOFMANN (1983).

Es muß von vornherein darauf hingewiesen werden, daß Wurfaktionen unter Kampf- bzw. Wettkampfbedingungen sicher höhere Werte aufweisen als in unseren Versuchen. Das trifft auch für Judoka der oberen Gewichtsklassen zu. Die Ausführungsgeschwindigkeiten und der Krafteinsatz sind dann noch größer. Außerdem bringen Leistungssportler mehr Kraft in ihre Aktionen ein, als das die Testpersonen konnten. Trotzdem sind die von uns erreichten Ergebnisse auch in bezug auf die Geschwindigkeiten bei Judowürfen aufschlußreich.

Tab. 1: Zeiten und Geschwindigkeiten von Wurftechniken

Wurftechnik	Wurfzeit (gesamt) s	Fallzeit (Uke) s	Bahngeschwindigkeit	
			Hüfte m/s	Ferse m/s
Ippon-Seoi-Nage	1,0	0,52	3,78	10,86
Uchi-Mata	1,2	0,4	3,78	10,73
Kata-Guruma	1,6	0,6	3,96	9,87

Als Wurfzeit zählte hier die Zeit, die von der Auftaktbewegung Toris bis zum Aufkommen Ukes auf die Tatami verging. Als Fallzeit wurde in unserem Test die Zeit gemessen, in der sich Uke "aufgeladen" in der waagerechten Position befand (Beginn der Trennung von Tori), bis zum Bodenkontakt nach dem Fallen. Aus der Tabelle 1 wird ersichtlich, daß am Meßpunkt Ferse hohe Geschwindigkeiten auftraten, die, im Zusammenhang zur Abbildung 1 für den Kata-Guruma dargestellt, eine Kraft von über 10 kN erreichten. Die Fallkraft bei hohen Judowürfen stiegen in unserem Experiment auf das Zwölffache des Körpergewichts von Uke an (vgl. MOSEBACH 1997). Diese hohen Kraftwerte wurden, das zeigten die Meßkurven, innerhalb von 0,2 s erreicht.

2.2.2 Fallen im Fußball

Fußball ist eine Spielsportart mit ausgeprägt kampfbetontem Charakter. Über Sieg oder Niederlage, bei spieltechnisch gleichwertigen Mannschaften im technischen und taktischen Bereich, kann die Summe der gewonnenen Zweikämpfe entscheiden. In der Literatur findet man sogar eine Formulierung, die über diesen Ansatz hinausgeht. "Fußball ist eine Kampfsportart; der körperliche Einsatz ..." (BISANZ/GERISCH 1991, S. 192), so könnte man in Abwandlung formulieren, ... bewirkt ein Fallen in hoher Zahl auf dem Spielfeld. Verletzungen durch Stürze und Fallen im Fußball führen oft auch zum Ausfall wichtiger Akteure. Die Häufigkeit von Verletzungen hat sich in den letzten Jahren erhöht. Auf den Fußball bezogen sei noch erwähnt, daß häufiges Stürzen/Fallen nach Foulspiel die Aggressionsbereitschaft der Spieler und auch der Zuschauer in den Stadien steigen lassen kann. Das Fallen im Fußball unterliegt einer Reihe von äußeren Faktoren. Dazu kann man Platzbeschaffenheit, Witterung, Bestollung und den körperlichen Einsatz der Gegenspieler zählen. Im weiteren Sinne kann man bewußtes und unbewußtes Fallen (Sturz) beim Fußballspiel unterscheiden.

Der moderne Fußball ist noch rasanter und aggressiver geworden. Eine höhere Handlungsschnelligkeit in den Bewegungen ist dafür kennzeichnend. Die Summe der gewonnenen Zweikämpfe kann spielentscheidend sein (vgl. STAPELFELD 1993). Der faire, regelgerechte Zweikampf endet oft für die Spieler mit einem Fall. Die Auswirkungen für den Spieler hängen davon ab, wie seine Gewandtheit und seine Beweglichkeit im Verhältnis zum Fallen-Können geschult sind. Für die Problematik des Fallens im Fußballspiel sind mehrere Techniken und Spielpositionen sowie deren taktische Aufgaben relevant. Das sind die Positionen des Torwarts, der Verteidiger und Stürmer, das Tackling, der "Hecht" und die "Schwalbe". Der Torwart hat bei der Abwehr von Schüssen, resultierend aus der Geschwindigkeit der Bälle und der Größe des zu verteidigenden Torraumes, oft nur noch die Möglichkeit, durch Flug, "Hecht" oder Fall den Angriff abzuwehren. Stürmer werden häufiger durch Foul zu Boden gebracht als

Spieler auf anderen Positionen. Schwere Verletzungen der Spieler nach Stürzen sind im Fußball häufig zu beobachten (vgl. ZEEB 1993).

Zu wirkenden Fallkräften wurden ebenfalls Untersuchungen auf den dynamometrischen Meßplattformen am IAT Leipzig durchgeführt. Dabei wurden einige mit dem Fallen verbundene Fußballtechniken ausgewählt, die in Spielen sehr oft eingesetzt werden. Wie bereits erwähnt (vgl. 2.2.1), hatte der Ausführende ein Körpergewicht von 78 kg. Resultierend daraus wurden für Fußballtechniken folgende Fallkräfte registriert:

Gleittackling : 2,76 kN
Torwarthecht : 1,50 kN (geringe Höhe)
Seitfallzieher : 3,04 kN

Diese Techniken wurden mit Ball ausgeführt, sie können aber zwischen verschiedenen Spiel- und Ausführungsversionen und unterschiedlichen Spielern variieren. Deutlich wird der Trend, daß bei den o.g. Techniken das Drei- bis Fünffache des Körpergewichts des Sportlers als Fallkraft wirkt.

Weiterhin wurde der Frage nachgegangen, wie oft das Fallen im Fußball zu beobachten ist. Wir zählten in der Auswertung von 20 Fußballspielen durchschnittlich 122 Sturz- und Fallaktionen (ohne Aktivitäten des Torwarts) pro Spiel (vgl. MOSEBACH/PFEIFER 1997).

Die Fußballiteratur hat den Falltechniken bisher keine Bedeutung beigemessen, bzw. hat das Problem des Fallens kaum reflektiert. Bei ZEEB (1993) werden im Kapitel "Erste Hilfe am Spielfeldrand" unter den Verletzungsarten als "häufige Ursache" Zweikämpfe, Stürze und Tackling angegeben (vgl. S. 276ff). Allerdings werden im Abschnitt "Trainingsvorschläge zur Beseitigung spezifischer Leistungsmängel" (Ebenda, S. 267ff) die Zusammenhänge zum Fallen nicht hergestellt. ZEEB bleibt bei einer ausschließlich medizinischen Betrachtungsweise des Stürzens/Fallens. BISANZ/GERISCH (1991, S. 191) gaben nur zum "Tackling" kurze Darstellungen, damit wird allein die spieltechnische Seite des Fallens betrachtet. Weitaus konstruktiver behandelt STAPELFELD (1993) die Komplexität des Themas Fallen im Fußball. Sein thematischer Bezug kommt über das Problem der Zweikämpfe zu interessanten Ansätzen, die mit unseren Untersuchungen teilweise konform gehen: "Und obwohl die Fußball-Statistiker bereits fast alle im Spiel vorkommenden Handlungen oder Ereignisse gezählt und ausgewertet haben, sind uns keine Angaben darüber bekannt, wie oft ein Spieler im Wettkampf stürzt. Daraufhin vorgenommene eigene Auswertungen ergaben für einen Spieler im Durchschnitt ca. 10 Stürze pro Spiel" (Ebenda, S. 108). Der berechtigten Forderung STAPELFELDS nach einer Fallschulung und der Umsetzung der Übungsziele wie Abrollen und "Langmachen" sowie nach vielseitigeren Formen der Gewandtheitsschulung, könnte, unter Einbeziehung von Elementen der Judofallschule, im Trainingsprozeß des Fußballspiels entsprochen werden.

2.2.3 Fallen im Volleyball

Im Volleyball ist das Fallen ständig zu beobachten. Hauptsächlich in der Ballannahme nach der Aufgabe und in der Feldabwehr sind Elemente des Fallens präsent. Dabei unterliegen die Spieler einem hohen Zeitdruck. Die Geschwindigkeit der geschmetterten Bälle beträgt bis zu 100 km/h. Derart schnell geschlagene Bälle durchqueren ein Spielfeld, das in seinen Abmessungen nur 9 x 9 m beträgt. Sechs Feldspieler müssen diese Fläche innerhalb kürzester Zeit "verteidigen". Falltechniken werden daher nicht immer technisch sauber ausgeführt, weil die komplexe Handlung der Abwehr schnell erfolgen muß. Das Fallen im Volleyball weist die Eigenart auf, daß eine Stützphase nicht oder nur in wenigen Fällen möglich ist. Die Hände und Arme können beim Fallen kaum als Stützflächen eingesetzt werden, da sie in der Aktion direkt-ballverbunden sind. Sehr häufig ist zu beobachten, daß Volleyballspieler bei Abwehr- und Fallaktionen die Knie als Stützflächen einsetzen und auf rollende oder hechtende Bewegungen, offenbar aus Zeitgründen, verzichten (vgl. HELLER/MOSEBACH 1996). Die Anzahl der Fallaktionen ist im Volleyball ebenfalls sehr hoch. Wir beobachteten in 11 Spielen mit 45 Sätzen 1720 Fallaktionen (Ebenda, S. 32). Die Falltechniken wiederum lassen sich in unterschiedliche Formen einordnen. Der taktische Anteil der eingesetzten Falltechniken ist von uns protokolliert worden. Die Abbildung 2 zeigt beim Spiel einen hohen Anteil von Techniken, bei denen die Volleyballer beim Abstützen mit den Knien auf den Hallenboden auftrafen.

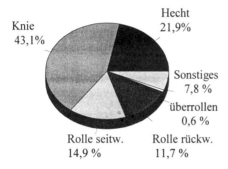

Abb. 2: Technisch-taktische Anteile des Fallens im Volleyball (vgl. HELLER/MOSEBACH 1996, S. 33)

Auch für einige Volleyballtechniken, die mit dem Fallen verbunden sind, wurden von uns Messungen am IAT Leipzig durchgeführt, um die Kraftwerte zu ermitteln:

"Hechtbagger"   : 2,34 kN
"Japanrolle"   : 1,90 kN
Fallen auf die Knie: 3,89 kN (HELLER/MOSEBACH 1996, S. 37).

Als problematisch für Volleyballspieler in bezug auf Abnutzungs- und Verletzungserscheinungen stellten sich die hohen Bodenreaktionskräfte dar, die beim Fallen auf die Kniefläche gemessen wurden. Die untersuchte Technik (Feldabwehr mit Aufsetzen auf die Knie) wurde unter Laborbedingungen noch einmal einer Überprüfung unterzogen, um die wirkenden Kräfte auf die Kniescheibe zu ermitteln. Der Versuch erfolgte auf einer Kraftmeßplatte am Institut für Sport- und Bewegungswissenschaften in Erfurt.

Die Versuchsperson wog 76 kg, die Fläche der Kniescheibe betrug 14,5 cm^2. Die Kraftwirkung nach einer simulierten Feldabwehr variierte zwischen 102 N/cm^2 bis 260 N/cm^2 (vgl. a.a.O., S. 39). Selbst beim Einsatz von Knieschützern wirkte noch das Vierfache des Körpergewichts. Aus diesen Ergebnissen könnten sich u.a. die Verletzungen und die an den Knien bei Volleyballern oft zu beobachtenden und auch von vielen Spielern beklagten Verschleißerscheinungen, gepaart mit Schmerzen und hoher Verletzungsanfälligkeit, erklären.

2.2.4 Fallen im Handball

Handball ist eine Spielsportart mit ebenfalls sehr kampfbetonten Charakter. Sie ist in den vergangenen Jahren schneller und athletischer geworden. Die Zweikämpfe werden von einem hohen Maß an Härte geprägt und auch die Risikobereitschaft in den Auseinandersetzungen der Spieler in bestimmten Situationen (am Kreis) hat zugenommen. In bezug auf Fallaktionen müssen folgende Kriterien vom Spieler "vorausberechnet", antizipiert werden:
- Zuspiel und Stellungsspiel,
- Wege (eigene W./ Wege der Gegner und der Mitspieler),
- Flug- bzw. Fallbahn,
- Torwartverhalten.

Da sich auch viele Zweikämpfe zwischen Angreifern und Verteidigern in der Luft (im Flug- und Sprungansatz) abspielen, muß der Landung große Aufmerksamkeit gewidmet werden. Das verdeutlichen die Ergebnisse der Messungen zur Fallkraft, die im Rahmen der gesamten Untersuchung am IAT Leipzig vorgenommen wurden. Auch bei diesen Messungen auf den dynamometrischen Meßplatten mit Handballtechniken wurden möglichst realistisch simulierte Bewegungen (der Aktive wog 78 kg) erfaßt:

Fallwurf frontal: 2,91 kN (ähnlich einem Fallwurf aus
                                            dem Stand vom 7-Meter-Punkt)

flacher Sprungfallwurf: 2,78 kN (ähnlich der Aktion eines
Kreisläufers von außen)
Fallwurf auf die Knie: 4,67 kN (ähnlich einer nicht
abgeschlossenen Aktion durch Foul)

Eine gute Körperbeherrschung (Bewegungserfahrung) und das Vermögen, sich beim Fallen so abzufangen, daß Verletzungen vermieden werden, sind unbedingter Bestandteil des Handballspiels.

Um Aussagen über die Häufigkeit des Fallens im Handball treffen zu können, wurden Videomitschnitte verschiedener Spiele ausgewertet. Damit wird auf eine Tendenz der Häufigkeit des Fallens im Handball aufmerksam gemacht. Es muß vorangestellt werden, daß das Fallen von gewissen Spielkomponenten abhängig ist. Dazu gehören das Deckungs- und Angriffssystem, der Einsatz von Rückraumwürfen bei den Männern, das intensivere Spiel der Frauen am Kreis. Das heißt, daß bei den Frauen der Abschluß des Angriffs vom Kreis vorrangiger zu beobachten war.

Tab. 2: Fallaktionen im Frauenhandball

Spiel Nr.	Fallwurf (frontal) Abschlußhandlung vom Kreis	Foulspiel Sturz/Fall	Fallen seitwärts	Fallen rückwärts	Fallaktionen Torwart
1	23	16	5	2	11
2	33	22	10	2	22
3	35	25	3	1	16
4	26	22	9	2	20
5	27	18	11	2	22
Summe	144	103	38	9	91

Andeutung einer Tendenz im Frauenhandball: Summiert man die von uns betrachteten Spiele 1 bis 5 und berechnet den Durchschnitt an Fallaktionen, kommt man auf 58,8 für die Feldspielerinnen und 18,2 Fallaktionen für die Torhüterinnen pro Spiel. Insgesamt sind das nach den fünf Spielen durchschnittlich 77 Fallaktionen pro Spielerin. Hieraus deutet sich der Trend an, daß in einem Frauenhandballspiel mit 60 min Spielzeit statistisch pro Minute mindestens eine Fallaktion ausgeführt wird. Natürlich sind die Spielerinnen, je nach ihrer taktischen Aufgabe, mit unterschiedlichem Anteil daran beteiligt. Aber statistisch bewertet bedeutet das auch, daß jede Spielerin etwa 10 Fallaktionen im Spiel ausführt.

Tab. 3: Fallaktionen im Männerhandball

Spiel Nr.	Fallwurf (frontal) Abschlußhandlung vom Kreis	Foulspiel Sturz/Fall	Fallen seitwärts	Fallen rückwärts	Fallaktionen Torwart
1	32	10	7	9	10
2	27	12	7	8	17
3	27	11	7	8	15
4	27	15	6	5	15
5	17	13	12	14	18
Summe	**130**	**61**	**39**	**44**	**75**

Andeutung einer Tendenz im Männerhandball: Zu den Spielen der Männer im Handball unter dem Blickwinkel des Fallens kann gesagt werden, daß das Fallen-Können einen spielentscheidenden Anteil hat. Das Fallen im Handballspiel konnte in 349 Aktionen von uns in den genannten fünf Ansetzungen registriert werden. Das ergibt im Durchschnitt pro Spiel ca. 70 Fallaktionen. Diese Zahlen sollen nicht als absolute Werte verstanden werden. Vielmehr zeichnet sich hier eine Entwicklung ab, die auch im Trainingsprozeß bedacht werden muß. Die Anzahl der Fallaktionen ist sehr groß. Bezieht man dazu die Trainingsleistungen oder spezielles Techniktraining in der

Wurfausbildung ein, kommt man auf hohe Belastungen für die Handballer. Das betrifft die wirkenden Kräfte und die Zahl der Fallaktionen in einer Spielerlaufbahn (vgl. a.a.O., 1997).

Das Fallen durch Foulspiel (Stoßen, Reißen, Rempeln, Klammern, Bein stellen) ist ebenfalls sehr ausgeprägt. Der angegriffene Spieler wird in alle Fallrichtungen zu Boden gebracht. Die nachfolgende Abbildung 3 zeigt, wie hoch der Anteil des Fallens auf verschiedenen Spielerpositionen im Handball ist. Aus der taktischen Konzeption des Spiels finden, das illustriert die Graphik auch, die meisten Fallaktionen am Kreis statt.

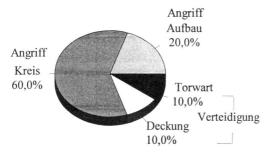

Abb. 3: Anteilige Spielerpositionen am Fallen im Handball
(vgl. MOSEBACH, U./MOSEBACH, W. 1997, S. 30)

Im Gegensatz zum Fußball, wo das Fallen nicht auf festgelegte Positionen des Feldes und der Spieler begrenzt bleibt, findet der Hauptanteil des Fallens im Handball am Kreis statt. Die Fallaktionen der Aufbauspieler treten in den Momenten auf, wenn der Durchbruch in Richtung Kreis erfolgt, etwa sieben bis acht Meter vom Tor entfernt. Die Deckungsspieler verlagern ihre Aufmerksamkeit in die Richtung, aus der die torgefährlichen Spieler angreifen. Oft werden dabei die Verteidiger in den Kreis mit hineingerissen, oder sie gehen bei Gegnerbehinderung absichtlich mit zu Boden, damit keine hohe Strafe gegen sie verhängt wird. Selbst der Torwart ist zum Teil so in die Zweikämpfe einbezogen, daß er mit dem Angreifer in der Abwehr des Wurfes zu Fall kommt. Abgesehen von den Abwehrreaktionen müßte auch der Torwart über eine ausgeprägte Falltechnik verfügen. Je höher die Spielklasse ist, desto höher sind auch die

Anteile an Dynamik und Krafteinsatz im Spiel. Daraus ergibt sich die Aufgabe, bereits im Jugendbereich die Grundlagen für das Beherrschen der Bewegungsform Fallen zu legen.

Das Tragen der Polsterung an den Armen oder Knien hat auf die Minderung der Fallkraft kaum Einfluß. Das haben bereits die Untersuchungen mit Volleyballtechniken auf dynamometrischen Meßplattformen gezeigt. Dieser Effekt gilt ebenfalls für das Handballspiel. Eine sich umkehrende Wirkung tritt beim Anlegen der Polster ein. Viele Spieler glauben, die Kraft des Falls damit abzuschwächen und "werfen" sich mit noch höherem Einsatz in die Techniken, als sie das ohne Polsterung machen würden. Dadurch erhöht sich die Fallkraft ebenfalls. Ein positiver Effekt des Tragens von "Polstern" ist, daß sich die Reibung zwischen der Hautoberfläche und dem Sporthallenboden vermindert. Außerdem vergrößert sich die auf den Boden auftreffende Fläche durch das Tragen von Knie- oder Ellenbogenschützern. Dies scheint der eigentliche "Spieler-schonende-Effekt" beim Fallen in den hier untersuchten Ballsportarten zu sein.

Zusammenfassung: Fallen und Stürzen spielen in der Praxis verschiedener Sportarten eine wichtige Rolle. Fallen-Können vermittelt im Judo Handlungskompetenz. In Spielsportarten ist Fallen als technisch-taktisches Element anzusehen. Der Anteil des Fallens und Stürzens in Ballspielen ist mitunter sehr hoch. Die in den Experimenten gemessenen Fallkräfte erreichen bei den von uns dargestellten Techniken z.T. das Mehrfache des Körpergewichts des Ausführenden. Aus den wirkenden Fallkräften und der in den Spielen auftretenden hohen Spielanteilen des Fallens ist es notwendig, fallen zu können, um sich nicht zu verletzen, bzw. bei Sportlern die Angst vor Stürzen nicht zum Problem werden zu lassen.

2.3 Fallen als sportpsychologisches Problem

In den vorangegangenen Abschnitten wurde auf die Bedeutung des Fallens in verschiedenen Sportarten hingewiesen. Die Bewegungsform "Fallen" gehört zum Sport in demselben Maße wie verschiedene Methoden des Gleichgewichthaltens und die Kontrolle des Gleichgewichts bei schwierigen Bewegungen. Ein Verlust der Kontrolle des Gleichgewichts kann einhergehen mit dem Verlust an Bewegungskoordination. Eine Folge davon können im Sport Stürze sein, die durch das Wirken hoher Fallkräfte auf den menschlichen Körper Verletzungen und Frakturen hervorrufen können. Im sportmotorischen Lernprozeß kann das zur Entstehung von Angst und damit zur Verhinderung von Bewegungsleistungen und Erfolgserlebnissen führen. Die Ausrichtung der Aufmerksamkeit auf Lernaufgaben wird durch die Angst vor einem Sturz abgelenkt, die Qualität der Bewegung ist dann nicht optimal gestaltbar. Daraus ist ersichtlich, daß die Angst vor einem Sturz in den sportmotorischen Lernprozeß ebenso eingreifen kann wie das Fallen-Können, daß dem Sturz als Antagonist (vgl. BAUMANN 1993) gegenübersteht. Um die Problematik des Fallens nicht nur als "Störfaktor" (MOSEBACH/PFEIFER 1997) der menschlichen Bewegung zu diskutieren und damit nur einseitig auf negative Auswirkungen hinzuweisen, müssen auch positive Aspekte der Fallproblematik herausgearbeitet werden, die für den Sportunterricht relevant sein können. "Weil Angst Unsicherheit schafft, bringt die Beherrschung von Fallübungen Sicherheit in zweifacher Sicht: Sie verhindert Verletzungen durch ungünstiges Aufkommen, dient also der Unfallverhütung. Sie gibt dem Schüler aber auch Selbstvertrauen (Sicherheit)" (LUTZEIER 1986, S. 132).

2.3.1 Angst und Aufmerksamkeit

Angst und Aufmerksamkeit sind zentrale Kategorien bei der Betrachtung des menschlichen Bewegungslernens. Dies gilt auch für das "Fallen" als einer Grundform menschlichen Sich-bewegens. Im Rahmen der empirischen Untersuchung wird gefragt, ob durch das Fallen-Können die Angst vor Stürzen und vor schwierigen Bewegungen, die mit dem Fallen verbunden sind, abgebaut werden kann. Es wird von der Hypothese ausgegangen, daß die Aufmerksamkeit des Übenden abgelenkt wird von seiner Angst, die bewegungshemmend wirkt und daß in diesem Zusammenhang die Aufmerksamkeit auf wichtige Details der Bewegungsaufgabe gelenkt werden kann.

2.3.1.1 Zur Angst im Sport

"Die Vielfalt der Erscheinungen, die unter dem Begriff 'Angst' zusammengefaßt werden, soll durch folgende Bezeichnungen angedeutet werden: 'Unsicherheit, Ungewißheit, Nervosität, Beklemmungen (...). Aus dieser Aufzählung ist ersichtlich, daß der Begriff der Angst keine einheitliche psychische Erscheinung meint, sondern eine ganze Klasse einander ähnlicher Emotionen" (EDELMANN 1986[2], S. 41). Um die vielfältige Terminologie zur Angst einzugrenzen, wird hier nachstehender Begriffsbestimmung gefolgt.

"Angst ist eine kognitive, emotionale und körperliche Reaktion auf eine Gefahrensituation bzw. auf die Erwartung einer Gefahr oder Bedrohungssituation" (HACKFORT/SCHWENKMEZGER 1985[2], S. 19).

Diese Begriffsbestimmung zur Angst soll nicht außer acht lassen, daß es sich hier um ein vielschichtiges, komplexes Phänomen handelt. Die Angst von Personen bei der Ausübung von Sport kann mit einer Anzahl von auslösenden Faktoren und Begleiterscheinungen verknüpft sein, deren Gründe mitunter in manchen Situationen nicht immer sofort erkennbar und daraus resultierende Reaktionen nicht vorhersehbar sind. Die den Menschen in ihrer Vergangenheit widerfahrenen traumatischen Sturzsituationen, BAUMANN (1993, S. 240) spricht von "primären Angstauslösern", können langzeitlich überdauernde Folgeängste oder sogar situationsübergreifende Bewegungsängstlichkeit bewirken. Angst ist mit einer Reihe von körperlichen Symptomen verbunden, die mit einer realen oder vermuteten Bedrohung im Zusammenhang stehen. BUYTENDIJK bezeichnet Angst als "gefährliche Verwirrung", in der man befangen ist und dabei "leiblichen Äußerungen" wie "Unruhe der Hände, manchmal Herzklopfen, (...), das Schwitzen als zwanghaftes Geschehen durchlebt" (1967, S. 165).

Ebenso ist der häufig gebrauchte Begriff "Streß" Ausdruck für eine große psychische Überlastung, die unter bedrohlichen oder als belastend empfundenen Umständen auftritt und bewältigt werden muß. LOOSCH (1997) weist darauf hin, daß der Begriff Streß "außerordentlich heterogen besetzt" ist. "Streß ist ein subjektiv erlebter Zustand der Angst und erlebten Hilflosigkeit im Gefolge einer wahrgenommenen Bedrohung durch die Bedingungen des Sporttreibens und Übens" (Ebenda, S. 88).

Betrachtet man den komplexen Begriff Angst im Sport, stößt man auf den Ausdruck "Furcht". "Furcht" weist auf eine real existierende, unmittelbar bevorstehende Bedrohung hin, sie wird dann als "spezifische Furcht" bezeichnet, wenn man die Quelle dazu genau erkennen kann (vgl. LEVITT 1987[5], S. 18).

Man findet auch Differenzierungen des Angstbegriffes für den Bereich des Schulsports. Hier ist die Einteilung in Ängstlichkeit und Zustandsangst gebräuchlich (BAUMANN 1993). Ängstlichkeit ist eine bei Schülern häufig ausgeprägte Eigenschaft, auf schwierige Situationen oder auch schon "bei relativ geringfügigen Anlässen" (EDELMANN 1986[2], S. 45) permanent mit Angst bzw. Angstreaktionen (Verweigerung) zu reagieren. Bei jüngeren Schülern kann man diese Form beobachten, wenn sie Belastungen ausgesetzt sind, deren erfolgreiche Bewältigung sie nicht von vornherein abschätzen können (Nichtschwimmer vor Beginn der ersten Schwimmstunde). Sportstunden, in denen das Turnen an hohen Geräten geplant ist, rufen bei solchen Schülern von Beginn der Stunde an Angst hervor. Primärer Angstauslöser (nach BAUMANN 1993) können auch hier früher erlebte Stürze sein.

Die Zustandsangst tritt dann auf, wenn sehr belastende Faktoren nicht mehr unmittelbar bewältigt werden können. Besonders bei Übungsaufgaben und Situationen, in denen es um das Fallen geht, kann man bei leistungsschwächeren Schülern Fallangst bzw. Sturzangst (entsprechend der bereits formulierten Definition von Sturz und Fall im Abschnitt 2.1) als eine Form der Zustandsangst beobachten. Diese Angst vor dem Fallen wird anhand von körperlichen Reaktionen und Verhaltensweisen, wie dem Anhalten der Luft oder einer verkrampften Haltung, erkennbar. "Die Angst vor dem Fallen oder Fallangst ist normalerweise mit Höhenangst verbunden, die meisten Menschen empfinden sie, wenn sie am Rande eines Abgrundes stehen" (LOWEN 1981[5], S. 174). FELDENKRAIS (1987, S. 97) führt die Angst vor dem Fallen auf stammesgeschichtlich angelegte "Urängste" zurück.

Im Sport gibt es also Situationen, die von Schülern mit Angstreaktionen beantwortet werden. Das äußert sich mitunter in der Verweigerung, gewisse schwierige, ungewohnte Bewegungen oder Übungsaufgaben auszuführen. "Wenn davon ausgegangen wird, daß Angst zur Beeinträchtigung des Bewegungsverhaltens führt, so müssen zumindest die Angstauswirkungen am Bewegungsverhalten zu 'sehen' sein, d.h., bestimmte Bewegungsauffälligkeiten müßten auf Angst zurückführbar sein. Daß solche Schlußfolgerungen tatsächlich gezogen werden, verdeutlichen folgende Interviewaussagen von Sportlehrern (...): Angstindikatoren werden 'gesehen': 'Wenn jemand überhaupt nicht erscheint, überhaupt nicht anrennt oder anläuft oder abstoppt'..." (ALLMER 1983, S. 251). Der Zustand der Angst wirkt leistungshemmend, die Betroffenen richten in diesen Momenten ihre Aufmerksamkeit auf ihre Befindlichkeit, auf ihre körperlichen Reaktionen und verweigern sich. Fragt man nach den Ursachen der Weigerung, wird oft die Angst vor dem Mißlingen und der Blamage, der Höhe des Gerätes und den darauf folgenden möglichen Stürzen mit Verletzungen angegeben. Die Angst hat damit für Schüler im Sport eine Signalfunktion vor einer Gefahrensituation. Früher erlebte Erfahrungen wie Unfälle durch Stürze (vgl. Abschnitt 4.1.4) sind dabei ebenfalls wesentliche Einflußfaktoren.

Individuelle Angsterlebnisse von Schülern beeinflussen die Handlungsfähigkeit erheblich und können auch zu überdauernder Ängstlichkeit führen (vgl. LEVITT 1987[5]). Speziell im Gerätturnen betont BAUMANN (1979, S. 263) "die Angst vor etwas", wenn der Gegenstand der Angst nicht immer bewußt wird. Andererseits können Schüler den Gegenstand ihrer Angst oft recht genau verbalisieren. Sie haben Angst, am Gerät hängenzubleiben (Hocksprünge), abzurutschen (Stützelemente) oder herunterzustürzen (Kletter- und Balancieraufgaben). Die Turngeräte im Schulsportunterricht sind aber in den Übungsanforderungen nicht so hoch aufgebaut, daß ein Schüler sie nicht überwinden könnte. Es ist die Angst vor einem gefährlichen Sturz, der, verbunden mit einer hohen Ausführungsgeschwindigkeit der Bewegung, zu Verletzungen führen kann. Es ist auch die Angst vor einem Kontrollverlust ihrer Handlungsfähigkeit. Dadurch wird die Aufmerksamkeit auf die Angst und die körperlichen Symptome gelenkt und der Lernprozeß verzögert.

2.3.1.2 Zur Aufmerksamkeit im Sport

Das Erlernen von Bewegungen und das Fallen-Lernen sind auch mit dem Prozeß der Aufmerksamkeit des Lernenden verbunden. "Ein Großteil der modernen Lernforschung befaßt sich mit dem Problem der Aufmerksamkeit" (LEFRANCOIS 1986, S. 160). Für dieses Konstrukt liegen vielfältige Darstellungen vor, die den Vorgang einer speziellen Orientierung des Menschen auf bestimmte Prozesse wiedergeben (NORMAN 1973; HAHN 1992[6]; BAUMANN 1993). RUCH/ZIMBARDO (1975[2], S. 217f) verstehen unter Aufmerksamkeit "den psychologischen Prozeß der Auswahl eines Teils der vorhandenen Reize, während die anderen Reize übergangen, unterdrückt oder durch entsprechende Reaktionen gehemmt werden". Allerdings erscheinen diese Begriffsbildungen "unscharf", weil sie für den Bereich des Sports und gerade in bezug auf die Problematik von Fallen und Stürzen "zu kurz greifen".

Die Ausrichtung der Aufmerksamkeit tritt beim Vorgang von Sturz und Fall jedoch in unterschiedlicher Weise in Erscheinung. Für das Verständnis einer praxisorientierten Aufmerksamkeitsbetrachtung sollen die unterschiedlichen Verlaufsformen in einer Gegenüberstellung skizziert werden. Das heißt, man kann hypothetisch davon ausgehen, daß sich die Aufmerksamkeit eines Menschen bei einem Fall anders darstellt als bei einem Sturz.

Als Ausgangspunkt soll ein Beispiel aus dem Handballsport gewählt werden: Ein Spieler, der bei einem schnellen Konterangriff auf das gegnerische Tor zuläuft, wird durch ein Foul zu Boden gebracht. Der Stürzende "prallt auf seine Umwelt" (SCHIERZ 1982, S. 388) und die in ihrem dynamischen Verlauf intendierte Bewegung wird ungewollt und plötzlich unterbrochen. Der Sturz ist nicht erwartet worden, er "weckt" eine neue Form der Beachtung, die man mit "Aufmerken" und die widerfahrende Situation (PROHL 1991) mit "Herausreißen aus dem gewollten Ablauf" kennzeichnen kann. Alle Absichten aus der vorher intendierten Situation treten in den Hintergrund. Bei einem Sturz verliert der Spieler sein Gleichgewicht und der Prozeß von Wahrnehmen und Bewegen wird zerrissen. Die Aufmerksamkeit und der "Bewegungsdialog" (MÜLLER/TREBELS 1996, S. 133) müssen neu ausgerichtet werden, denn durch den Gleichgewichtsverlust ist auch eine neue Situation entstanden, der Handballer kann nicht mehr am Spiel teilnehmen. Die Wahrnehmung wird bei einem Sturz durch die Aufmerksamkeit selektiert. "Ähnlich wie der Strahl eines Scheinwerfers sich mit größter Helligkeit auf ein kleines Wahrnehmungsfeld richten kann und alles andere im Dunkeln versinken läßt, kann auch die Aufmerksamkeit auf einen engbegrenzten Punkt gelenkt werden" (BAUMANN 1993, S. 203). Im Stürzen wird vorwiegend der mit großer Geschwindigkeit auf den Spieler zukommende Untergrund gesehen (äußere Bedingung), bei Verletzungen der Schmerz im eigenen Körper wahrgenommen (innere Bedingung).

Gelingt es aber dem Handballspieler, sich nach dem Foul gekonnt abzufangen im Sinne eines Fallen-Könnens, sich erneut zu orientieren und sich der neuen Situation entsprechend umzustellen, kann er am Spiel weiter teilnehmen, den Ball noch im Fallen halten oder abspielen. Es wird in der Aufmerksamkeitslenkung keinen Konflikt geben, da es keine Dominanz von Außen- oder Innenkonzentration (BAUMANN 1993) gibt, wenn keine Verletzungen oder Schmerzen (innen) entstehen. Die Aufmerksamkeit wird nicht eng begrenzt, sie wird (distributiv) in dieser Situation auch bei den spielrelevanten Handlungen verbleiben.

Gelingt es dem Handballspieler, den Konterangriff bis vor den gegnerischen Kreis zu bringen, wird er versuchen, mit einem Sprung- oder Fallwurf die Abwehr des Torwarts zu überwinden und einen Treffer zu erzielen. Auch in dieser Situation ist die Aufmerksamkeitsform durch unterschiedliche Wechselbeziehungen geprägt. Könner (auch im Sinne des Fallen-Könnens) versuchen weit in den Kreis zu hechten, um den Abstand zum Tor zu verkürzen. Die Aufmerksamkeit ist distributiv ausgerichtet auf die Außensituation (Stellung und Reaktionen des Torwarts, Fall- und Wurfrichtung zum Tor, Abwehrverhalten ...). Die eigenen Befindlichkeiten, wie das Fallen und der Aufprall des Körpers müssen, anders als in der Sturzsituation, nicht beachtet werden. Der Spieler besitzt, um es mit PROHL (1991, S. 153) auszudrücken, "im Handeln die Freiheit (...), die ihm in Situationen widerfahrende Welt zu gestalten". Durch den "Einklang von Wollen und Können" (BOLLNOW 1991[3], S. 76) besitzt der Spieler die Gelöstheit, die Situation zu überschauen (distributive Aufmerksamkeit) und die intendierte Bewegung erfolgreich abzuschließen. Das Sicherheitsgefühl des Fallen-Könnens gibt ihm "innere Freiheit", so daß sich seine Aufmerksamkeit nicht "auf ihn selber zurückwenden" muß (Ebenda). Wahrnehmung und Bewegung stehen in einer charakteristischen Beziehung zueinander. Mit der Veränderung unserer Wahrnehmung verändert sich auch unsere Bewegung (vgl. MÜLLER/TREBELS 1996). *Es bleibt also festzuhalten, daß sich die Aufmerksamkeit beim Sturz eher "verengt", während sie beim Fall "geweitet" wird.*

Im Moment des Abwurfs (o.g. Bsp., Konterangriff im Handball) muß die Aufmerksamkeit "umgeschaltet" werden, denn die Aufmerksamkeit wird "fokussiert" und "mit höchster Bewußtseinsklarheit" (BAUMANN 1993, S. 203) auf die Stelle im Tor gelenkt, wohin der Handball treffen soll. In diesem Zusammenhang und hinsichtlich der Problematik von Fallen und Stürzen ist die Begriffsbestimmung von HEILEMANN/MÜLLER (1993, S. 28) prägnant. Sie verstehen unter

"(...) Aufmerksamkeit die selektive und zielgerichtete Wahrnehmung von handlungsrelevanten inneren und äußeren Reizkonstellationen, die je nach sportlichen, situativen

und zustandsabhängigen Anforderungen distributiven und/oder konzentrativen Charakter trägt und durch die Ausprägung der Umschaltfähigkeit bestimmt wird".

Auch für den Schulsport ist es wichtig, daß Schüler die innere Freiheit besitzen und in der Lage sind, ihre Aufmerksamkeit zu streuen, sich aber auch zu konzentrieren und in Sturz- oder Fallsituationen ihre Handlungsweise "umschalten" können, um sicher, leistungsfähig und erfolgreich zu sein.

2.3.2 Zur Beziehung zwischen Angst, Aufmerksamkeit und Fallen im Sport

Eine sportliche Leistung ist ohne entsprechende Aufmerksamkeit nicht möglich, ebenso würde hochgradige Angst die Leistungsfähigkeit hemmen. "Höchstleistungen im Sport bedürfen eines optimalen Erregungszustandes, der sogenannten psychovegetativen Mobilisierung. Auch geringe Anteile von Angst können deshalb leistungsfördernd sein, da sie zu einer emotional bedingten Aktivierung des vegetativen Systems führen" (BAUMANN 1979, S. 263). In ähnlicher Weise diskutiert das auch EDELMANN (1986^2, S. 46), der "...in einzelnen Fällen sogar im Zustand leichter Angst eine Leistungssteigerung" konstatiert. Im allgemeinen wirkt Angst im Sport jedoch leistungshemmend. "Unkontrollierte Angst lähmt das Erkennen, das Entscheiden und das Reagieren und macht jede noch so gute Technik wirkungslos" (LIND 1992, S. 136). Aufgrund der psychosomatischen Begleiterscheinungen wie Unwohlsein, Schweißausbruch, "weiche Knie", Nervosität u.a. können nötige Reserven nicht optimal mobilisiert werden. Angst stellt mitunter einen biologischen Schutzmechanismus dar, wirkt sich aber im Wettkampf beispielsweise im Zusammenhang mit Vorstartzuständen (vgl. LOOSCH 1997) hemmend aus. Ebenfalls sind die Motivation, die Reaktions- und Wahrnehmungsleistung unter Angsteinfluß herabgesetzt, damit im Zusammenhang ist auch die Aufmerksamkeit abgelenkt. EDELMANN (1986^2, S. 46) stellt fest, daß "... bei komplexen Aufgaben (z.B. Problemlösen) eine Abnahme der Informationsverarbeitungskapazität bei ängstlichen Schülern klar erwiesen ..." ist.

Beständigkeit und Verlauf der Aufrechterhaltung der Aufmerksamkeit ist in verschiedenen Sportarten unterschiedlich. Disziplinen mit zyklischen Bewegungen (Lauf, Rudern, Schwimmen) erfordern am Start die höchste Aufmerksamkeit. Die Anspannung und die Vorstartangst sind hier zu Beginn ebenfalls sehr groß. Dagegen wechseln in Kampfsportarten oder im Gerätturnen die Anspannungs- und Entspannungsphasen entsprechend der Anzahl der jeweiligen Wettkampfaufrufe. Die Belastung ist höher und erfordert auch einen ständigen Neuaufbau der Konzentration.

Angst und Sicherheit sind "Antagonisten", es wird damit einer Betrachtungsweise gefolgt, die von EDELMANN (1986^2, S. 41) in die Diskussion gebracht wurde. Wenn Stürze im Schulsport als angstauslösender Faktor im Lernprozeß zu betrachten sind, muß man fragen, was dem antagonistisch als Sicherheitsfaktor entgegensteht. Man kann daher die Vermutung aufstellen, daß man durch das Erlernen und die sichere Anwendung des Fallen-Könnens ebenfalls zu Lernerfolgen und zum Abbau der Angst kommt. "Angst wird dann nicht entstehen, wenn Sicherheitssignale das Ausbleiben von Gefahrensituationen anzeigen" (HACKFORT 1986, S. 93f). Dadurch wird die Aufmerksamkeit weg von der Angst auf die Bewegung verlagert.

Man kann davon ausgehen, daß vor allem der im Sportunterricht lernende Schüler sich insbesondere in der Aneignungsphase nur einer Sache bewußt und konzentriert widmen kann. Daher sollten Störfaktoren, wie die Angst vor einem Sturz, die Angst sich zu verletzen, weil man nicht fallen kann, von vornherein bedacht und abgeschwächt werden. Es besteht eine unmittelbare Verbindung zwischen der Aufmerksamkeit und dem Lernen von Bewegungen, die von VOLGER (1990, S. 26) treffend charakterisiert ist. "Das Lernen von Bewegungen bedeutet die Bewältigung von Mehrfachaufgaben, bei denen der Mensch einer kaum zu bewältigenden Informationsüberflutung ausgesetzt ist. Bewegungslernen zu erleichtern bedeutet daher, die Informationsüberflutung zu reduzieren". Daß dieser Prozeß möglichst angstfrei gestaltet werden muß, liegt nahe. Damit wird eine Entlastung des Bewußtseins erreicht, welches für das Lernen wichtig ist, um neue Informationen aufnehmen und verarbeiten zu können.

2.4 Fallen als Problem des Bewegungslernens

Anliegen und Inhalt der nachfolgenden Abschnitte besteht darin, Bedingungen des Bewegungslernens im Kontext des Fallens darzustellen. Dabei sollen die Begriffe (menschliche) Bewegung und Lernen vor dem Hintergrund phänomenorientierter Theorien diskutiert werden. Es wird damit einem Bewegungsverständnis gefolgt, daß sich, ausgehend vom Modell des "Gestaltkreises" (vgl. v. WEIZSÄCKER 1986[5]) auch in den japanischen Budo-Künsten[3] und einem pädagogisch-philosophischen Bewegungsverständnis der Judofalltechniken wiederfindet.

2.4.1 Zur Einheit von Wahrnehmung und Bewegung

Im Mittelpunkt phänomenorientierter Betrachtungen des Sich-bewegens steht "die situative Beziehung zwischen Mensch und Welt" (PROHL 1996, S. 106). Sich-bewegen-können gehört zu den grundlegendsten Fähigkeiten des Menschen. Menschliche Bewegungen basieren auf Motiven, sie erfassen ein Ziel und intendieren daraufhin. Das "dialogische Bewegungskonzept" (MÜLLER/TREBELS 1996, S. 132) kennzeichnet den Zusammenhang des menschlichen Sich-Bewegens und seinem Verhältnis zur Welt. Dabei werden der Außenwelt "Antworten" auf spezifische Fragen gegeben. "Dieses Antworten ist ein Verhalten, das als Bewegungsverhalten zu kennzeichnen ist; der bewegende Dialog bringt als Antwort eine Gestalt hervor, die als 'Geformtheit von subjektiven und objektiven Bedeutungen' bestimmt werden kann. Das Zusammenspiel von 'objektiven' Bedeutungen, wie sie mir in der Welt entgegentreten und 'subjektiven' Bedeutungen, wie sie in meiner intentionalen Gerichtetheit eingebracht werden, bestimmt den Bewegungsdialog und prägt die Bewegungsantwort" (a.a.O., S. 132).

---

[3] "Budo ist ein Oberbegriff für die Kampfkunstmethoden, die unter dem Aspekt des Weges (Do) aus dem Bujutsu (Technik des Kriegers) hervorgegangen sind. Als tödliche Kampfmethoden haben sich die Techniken des Bujutsu über Jahrhunderte hinweg entwickelt, doch erst durch ihre Verbindung zur Zen-Philosophie (Anfang des 17. Jahrhunderts) erhielten sie einen ethischen Gehalt und konnten so zum Budo ('Weg des Kriegers') werden" (LIND 1992, S. 109).

Grundlagen dieses Dialogs sind die Leiblichkeit, die Bewegungsintentionalität und das Hervorbringen einer "Bewegungstat" auf der Basis von Wahrnehmen und Bewegen. "In der medizinischen Anthropologie gibt es eine breitere Rezeption phänomenologischen Denkens und Forschens. Am bekanntesten ist der Mediziner V. v. WEIZSÄCKER (...) und die von ihm entwickelte Theorie des Gestaltkreises, die insbesondere auch in der Theorie der Leibeserziehung großen Einfluß ausgeübt hat" (Ebenda, S. 138).

Hauptannahme des "Gestaltkreises" ist die Theorie der Einheit von Wahrnehmung und Bewegung. Dabei wird die Wahrnehmung auch als "Selbst- Tätigkeit" aufgefaßt (v. WEIZSÄCKER 1986^5, S. 7). Als einen "biologischen Akt" bezeichnet v. WEIZSÄCKER (1986^5, S. 8f) die Einheit von Sehen und Bewegen. Die Verbundenheit des Körpers, bzw. seiner Organe mit der Umwelt wird von ihm "Kohärenz" genannt. Erst "eine übermächtige Störung", wie es ein harter Sturz auf den Boden darstellt, kann diese Kohärenz zerreißen (1986^5, S. 9).

Als Kern der Aussagen zur Einheit von Wahrnehmung und Bewegung kann "die Genese der Form" angesehen werden. "Es besteht nur eine relativistisch geordnete Formbeziehung zwischen einem Organismus und seiner Umgebung. Diese Form ist nämlich dieselbe, ob sie vom Organismus her oder von der Umwelt her, von 'innen' oder von 'außen' her betrachtet wird; sie entsteht überhaupt erst in dem Augenblick, da der Kontakt gestiftet, sie vergeht erst, wenn er zerrissen wird" (a.a.O., S. 130). Als Schematismus der Einheit von Wahrnehmung und Bewegung in der Formgenese kommt v. WEIZSÄCKER zur "ikonischen Repräsentation" (ENNENBACH 1991^2, S. 118), zum Bild des Kreises.

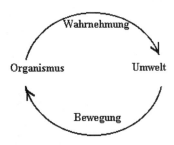

Abb. 4: "Der Gestaltkreis" als Einheit von Wahrnehmung und Bewegung in der Formgenese von Organismus und Umwelt (nach v. WEIZSÄCKER 1986[5], S. 132)

"Die Formgenese muß dann als geschlossener Kreis insofern gelten, als es in ihrem Wirkungszusammensein kein lokalisierbares prius und posterius gibt; denn dies würde der Voraussetzung der Gleichzeitigkeit widersprechen" (Ebenda S. 132).

An dieser Stelle kann man, in gebotener Kürze, auf die eingangs verwiesene Affinität (von "abendländischer") zu fernöstlicher Bewegungskultur und Philosophie (die auch in den Ukemi repräsentiert werden) zurückkommen. Dem Erlernen und vorbehaltlosen Anwenden von Kampftechniken in entsprechend widerfahrenden Situationen wird im Budo große Bedeutung beigemessen. Dabei ist das (östliche) "WIE" von Wahrnehmen und Bewegen der Formgenese des Gestaltkreises ähnlich. "Intuition und Handlung müssen im gleichen Moment hervortreten. In der Ausübung des Budo kann es kein Nachdenken geben. Nicht eine einzige Sekunde. Wenn man handelt, müssen Absicht und Handlung gleichzeitig geschehen" (DESHIMARU-ROSHI 1984, S. 35). Dieses Geschehen im "Hier" und "Jetzt" fließt, nach der Lehre von Dogen (12. Jahrhundert) in der "Sein-Zeit" ("Uji")[4] (vgl. DUMOULIN 1986, S. 68ff).

Die "leibliche Verfaßtheit" und die "spezifische Einbettung in Raum und Zeit" (THIELE 1995, S. 65) sind Gegenstand phänomenologischer Betrachtungen, die in v. WEIZSÄCKERS Modell vom Gestaltkreis vorliegen. ENNENBACH (1991[2], S. 118ff) weist darauf hin, daß es aus verschiedenen Richtungen der Bewegungsforschung

---

[4] "Zur Dogenschen Metaphysik gehört wesentlich die ihm eigene Lehre von Zeit, (...) die die Wirklichkeit alles Lebenden in ihrer unerschöpflichen Manigfaltigkeit und in ihrem dynamischen Werdecharakter umschreiben" (DUMOULIN 1986, S. 68).

"Kritik am Gestaltkreismodell" gibt, der aber in dieser Breite und in diesem Rahmen nicht weiter nachgegangen wird. Konstruktive Kritik, der hier gefolgt wird, wird von PROHL (1991, 1995, 1996) und THIELE (1995) vorgetragen. Bevor diese Kritik jedoch rezipiert und in Konsequenz daraus Aspekte eines weiterführenden Modells zur menschlichen Selbstbewegung eingeführt werden (Abschnitt 2.4.4), soll der Zusammenhang von menschlicher Haltung und Gleichgewicht betrachtet werden. Das erscheint unter der Vorannahme geboten, daß ein Verlust von Haltung und Gleichgewicht eine intentionale Handlung verhindern kann, in der Bewegung zum Sturz führen und die Formbeziehung zwischen Organismus und Umwelt, die Kohärenz, zerreißen läßt.

2.4.2 Zum Zusammenhang zwischen Haltung und Gleichgewicht

BUYTENDIJK (1967) referiert in seiner "Prolegomena einer anthropologischen Physiologie" exemplarische Seinsweisen des Menschen und Aspekte der menschlichen Leiblichkeit. Unter dem Gesichtspunkt spezifisch menschlicher Emotionen wird festgestellt, daß die Angst die Einheit von Wahrnehmung und Bewegung stören kann. "Die Angst, die jemanden überwältigt - z.B. während eines Examens -, ist ein anderes Beispiel der spezifisch menschlichen reziproken Relation zwischen leiblichen und persönlichen Reaktionen. Der Prüfling verliert seine Haltung, (...), sein geordnetes Denken" (a.a.O., S. 165). Äußerungen des Leibes wie Unruhe und Schweißausbruch (siehe 2.3.1.1) sind keine krankhaften Störungen sondern "Zeichen der persönlichen Verwirrung und des Haltungsverlustes" (Ebenda, S. 165). Das Wesen des Menschen und die menschliche Bewegung wird durch Haltungen ausgedrückt. Darin repräsentiert sich das Verhältnis des Menschen zur Welt, eine Verschränkung von Ich, Leib und zur-Welt-Sein (GRUPE 1980[5]).

"Nach östlicher Anschauung ist es eine ständige Aufgabe des Menschen, einen Zustand anzustreben, in dem man seinen Körper bewußt im Gleichgewicht hält, auf seine 'Mitte' zentriert ist und dadurch auch seine geistig-seelischen Kräfte an diesem

Gleichgewicht teilhaben läßt" (BINHACK/KARAMITSOS 1992, S. 31 ff). In der Betrachtung des Begriffes Haltung offenbart sich wieder die Doppelsinnigkeit der menschlichen Wahrnehmung (vgl. Abschn. 2.4.1). Haltung kann als statische Größe oder als Ausdruck der Verfaßtheit der Gesamtheit der Persönlichkeit verstanden werden. Haltung ist aber auch verbunden mit einem Ausbalancieren von physischen, psychischen (und physikalischen) Faktoren (vgl. ABRAHAM/HANFT/QUINTEN 1990, S. 231).

"Die spezifisch menschliche Haltung ist das Senkrecht-Stehen, das sich selbst gedankenlos auf der kleinen Tragfläche der Füße im Gleichgewicht halten. Der Mensch steht, solange er stehen bleiben 'will', d.h. solange die persönliche Subjektivität aus einer situationalen Motivierung heraus solche körperlichen Regulationen sich selbst organisieren lassen kann, die notwendig sind, um das Persönlich-Stehen-Wollen in seiner 'natürlichen' Gedankenlosigkeit zu sichern" (BUYTENDIJK 1967, S. 203). Es wird darauf verwiesen, daß in der menschlichen Haltung eine Selbstregulation vorliegt, die außerhalb des Bewußtseins abläuft und nur an das Wachsein gebunden ist. BUYTENDIJK hat herausgearbeitet, daß in und durch die menschliche Haltung und dem Gleichgewicht eine Verankerung des Leibes in der Welt besteht, die aber unbewußt gewollt ist. "Wir müssen hier wiederholen, daß niemand weiß, wie er tut, was er doch selbst tut. Dies gilt für das einfachste Verhalten, wie das Stehen, ebensogut wie für das komplizierteste Sprechen. Man muß es 'geschehen lassen'" (1967, S. 203). Die Ausdrucksweise bzw. semantische Form von "es geschehen lassen" entspricht auch einem Grundverständnis von Bewegung in der fernöstlichen Philosophie der Kampfkunst (vgl. DESHIMARU-ROSHI 1984; HERRIGEL 1993[34]). Die Einheit von Wahrnehmen und Bewegen kommt auch im Fallen-Können zum Ausdruck. Wird das Gleichgewicht durch einen Sturz gebrochen, die Kohärenz unseres "zur-Welt-Sein" zerrissen, soll es der durch Übung erfahrene Könner (BOLLNOW 1991[3]) "geschehen lassen". Haltung und Gleichgewicht werden dann neu erworben, wenn man sich gekonnt abfängt und in diesem Sinne steht Fallen "keineswegs nur für das Mißlingen von Bewegungshandlungen" (SCHIERZ 1989, S. 46).

2.4.3 Zur Beziehung von Gleichgewicht und Fallen

Um einen Zusammenhang zwischen Gleichgewicht und Fallen herauszuarbeiten, soll zu Beginn der Ausführungen der Schilderung einer Sturzsituation von ENNENBACH (1991[2]) nachgegangen werden. Dabei geht es um das Ausrutschen einer Person auf Glatteis. "Im Ausrutschen bin ich ganz der Situation verhaftet, beim Bemühen, wieder auf die Beine zu kommen, ist das Gleiten bereits aus dem unmittelbaren Umsatz herausgehoben - 'ist das aber glatt!' - und im Falle der Prüfung habe ich die Glätte nur noch als Bodenkategorie vor mir" (a.a.O., S. 212f). Der Sturz durchbricht, zerreißt die Gegenwart des Sich-bewegens-im-Gleichgewicht. "Im Falle ich aber stolpere, umknikke o.ä., (...) ist eine 'Krise' im Sinne der Gestaltkreistheorie eingetreten" (PROHL 1995, S. 52). Im Sturz zerreißt die Kohärenz des Handelns und Bewegens in seiner Übereinstimmung zur Welt. Der Sturz läßt den Betroffenen im Ungleichgewicht zu Boden gehen, er erfährt den Sturz in seiner materiellen oder personellen, in seiner sozialen oder körperlichen Bedeutung (ausf. dazu SCHIERZ 1982). Die Angst vor einem Gleichgewichtsverlust bezeichnet BUYTENDIJK (1967, S. 206) als "Instabilität und eine statische und kinetische Unsicherheit". Die Kohärenz zwischen Mensch und Umwelt enthält die Kontrolle über das Verhalten und die Bewegung, Stürze heben dieses Verhältnis auf. Besonders ein Sturz nach hinten ruft deutliche Angstreaktionen hervor. Das hängt mit der bei v. WEIZSÄCKER (1986[5]) beschriebenen Einheit von Sehen und Bewegen zusammen, die nach hinten nicht vorhanden ist. Für die Aufrechterhaltung des Gleichgewichts und einem Fallen-Können sind "einige dominierende Sinneseindrücke in ihrem Zusammenhang untereinander und in Reaktion zu den Bewegungen bestimmend" (BUYTENDIJK 1967, S. 207). Besonders bei Anfängern im Zweikampfsport (Judo, Ringen) kann man ebenfalls deutliche Schwierigkeiten bei der Erhaltung des Gleichgewichts erkennen, wenn sie in Kampfsituationen in schneller Folge Drehbeschleunigungen erfahren. Das trifft oft für den Bodenkampf zu (unübersichtliche Situation - "Knäuel"), ist aber auch bei Wurf- und Fallaktionen, wenn die Bewegung plötzlich kopfüber geht, zu bemerken. In entsprechenden empirischen Versuchen wurde nachgewiesen, daß es für einen Gleichgewichtsverlust keinen Unterschied ausmacht, ob eine Person im Kreis gedreht wird oder ob dessen Umgebung um die Person kreist. Beide Situationen können Desorientierung und Schwindelgefühle hervorrufen (vgl. BUYTENDIJK 1967). Unter diesen Umständen erscheint ein sicheres Fallen-Können als unwiderrufliche Bewährung, um die Einheit von Wahrnehmen und Bewegen aufrechtzuerhalten. Fallen-Können erhöht die Sicherheit, die Ausprägung und die Qualität der Bewegungen.

2.4.4 Zur Einführung des Begriffs "Bewegungsqualität"

An dieser Stelle wird der Gedankengang aus dem Abschnitt 2.4.1 aufgegriffen und die (konstruktive) Kritik am Modell des "Gestaltkreises" (v. WEIZSÄCKER 1986[5]) rezipiert. Diese Vorgehensweise wurde gewählt, um in Erweiterung der Ausführungen zur Theorie der Einheit von Wahrnehmung und Bewegung auf ein aktuelles Modell der Selbstbewegung aufmerksam zu machen. Damit ist im Anschluß an die Kritik die Einführung des Begriffs "Bewegungsqualität" in empirischer Absicht verbunden.

THIELE (1995) bemerkt, "daß originäre Phänomenologen so gut wie nie auf sportspezifische Eigenheiten eingegangen sind. Denker wie (...) v. WEIZSÄCKER haben intensiv über das Phänomen Bewegung gehandelt, ohne den Sport dabei auch nur eines Blickes zu würdigen" (S. 69). Es wird von THIELE darauf hingewiesen, "daß menschliches Sich-Bewegen und sportliche Bewegungsmuster nicht kongruent die gleichen Phänomenbestände abdecken" (a.a.O., S. 69). Um das spezifisch menschliche Sichbewegen (besonders für den Sport) perspektivisch zu verstehen, wird von PROHL (1991, 1995, 1996) Kritik am Modell des Gestaltkreises vorgetragen. "Der radikale Dualismus der Zeitbegriffe (...) führt dazu, daß der Gestaltkreis als Symbol der Formgenese in sich geschlossen bleibt; der Fluß der Zeit, der Entwicklungsprozesse überhaupt erst beschreibbar macht, ist in diesem Modell der Selbstbewegung nicht darstellbar" (PROHL 1991, S. 181). Es wird weiterführend darauf verwiesen, daß Sprach- und Handlungsfähigkeit, menschliche Bewußtseinsprozesse und gestaltende Erlebnisfähigkeit kaum reflektiert werden. PROHL (1996, S. 110f) hat in einer "kritischen Würdigung" *drei Erkenntnisprobleme* zusammengefaßt. Diese beziehen sich auf das *"Zeitproblem"*, wobei betont wird, "der Gestaltkreis ist einseitig gegenwartsbezogen" (1995, S. 45). Die Kritik bezieht sich auf das *"Bewußtheitsproblem"*, wobei hier insbesondere der Einfluß von Kultur- und Sprachfähigkeit auf das menschliche Sichbewegen hinterfragt wird. Das *"Erlebnisproblem"* wird als bemerkenswerter Unterschied auf das Sich-bewegen zwischen Mensch und Tier hervorgehoben (ausführlich auch in PROHL 1995, S. 45ff und 1996, S. 109ff). Gerade dem letzten Aspekt, dem Erlebnisproblem in seinen Bestandteilen von emotionalen und kognitiven Aspekten beim Sich-bewegen, widmet die Mehrzahl der Autoren in dem 1995 von PROHL/SEEWALD herausgegebenen Band "Bewegung verstehen" immer wieder große Aufmerksamkeit. Und dazu wird auch immer wieder die Arbeit des v. WEIZSÄCKER-Schülers P. CRHISTIAN (1967) vom "Wertbewußtsein im Tun" bemüht. Darin werden der Sinn und der Wert einer Handlung hinterfragt (vgl. SCHIERZ 1995) und auf "eine mitlaufende 'Qualitätsempfindung'" in der Handlung (GRÖBEN 1995b, S. 136) hingewiesen. Das, was man im allgemeinen im Sport auch als ein Bewegungsgefühl kennzeichnet, beschreibt und definiert PROHL (1990, 1991, 1995) als "Bewegungsqualität".

Die Grundlage der Betrachtungen zum Begriff Bewegungsqualität basieren auf einem prozeßanthropologischen Modell des Bewegungshandelns, das in diesem Rahmen in relevanten Ausschnitten betrachtet werden soll (dazu umfassend in PROHL 1991). Es "wird dabei von einem dreidimensionalen Spiralmodell der menschlichen Selbstbewegung ausgegangen, in dem ein Subjekt (Innen) in einer Situationsfolge mit der Welt (Außen) in Beziehung steht. Eine wahrgenommene, als bedeutungsvoll interpretierte Situation wird durch eine Bewegungshandlung 'beantwortet'" (PROHL 1995, S. 48). Empfindungen, die während der menschlichen Selbstbewegung entstehen, bezeichnet PROHL als "mitlaufende Qualtiätsempfindung". Das ist äquivalent dem "Wertbewußtsein im Tun" von CHRISTIAN (1967). Damit werden Gefühlsprozesse, die in der Bewegung begleitend auftreten und eine Haltung bzw. Einstellung ausdrükken, werthaftig beschrieben. Die Qualität einer Bewegungshandlung bestimmt sich demnach aus der Differenz zwischen dem, was man erreichen will (Intention) und dem was man erreicht (Ergebnis). "Handlungen spielen sich in widerfahrenden Situationen ab - die Widerfahrnis der Situation veranlaßt Handeln" (PROHL 1991, S. 145). Sturz und Fall haben mit Widerfahrnis zu tun, Fallen-Können mit Handlungsfähigkeit, bzw. Handlungskompetenz im Bewegungsvollzug. Handlungen im Sport liegen Intentionen zugrunde, nach denen sich das Verhalten der agierenden Person sinnvoll ausrichtet. Die Handlungsfähigkeit umfaßt den breiten Raum der Verwirklichung des Bewegungskönnens im sportlichen Bezugsrahmen. Der Ansatz der "Widerfahrnis" Sturz spiegelt sich deutlich im Mißlingen einer Bewegungshandlung wider und führt u.a. zu der Frage, wie sich dadurch die Bewegungsqualität verändert. Den systematischen Ort der Bewegungsqualität kennzeichnet PROHL "aus der Beziehung des inneren und äußeren Aspekts einer Bewegungshandlung, d.h. von Intention und Verhalten..." (1990, S. 121). Aus dieser Konstellation wird ersichtlich, daß ein Sturz den Wert der Bewegungsqualität drastisch beeinträchtigt.

Der Begriff Bewegungsqualität, das geht auch aus der folgenden Abbildung 5 hervor, ist zweidimensional, sein Ursprung liegt in der Intentionalität.

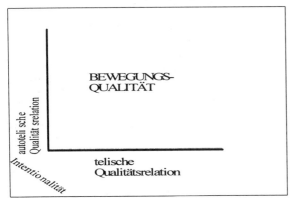

Abb. 5: "Dimensionen des Feldbegriffs Bewegungsqualität"
(aus PROHL 1991, S. 169)

"Es zeigt sich also, daß der Terminus 'Bewegungsqualität' zwei unabhängige Relationsbegriffe umfaßt, deren gemeinsamer Pol durch den Klassenbegriff der 'Intentionalität' gebildet wird. In Anlehnung an den Sprachgebrauch, den CSIKSZENTMIHALYI (1975) im Zusammenhang mit Analysen von 'flow-experiences' eingeführt hat, soll die Qualitätsrelation der äußeren Handlungsführung als 'telische'[5], die der inneren Handlungsführung als 'autotelisch' bezeichnet werden" (PROHL 1991, S. 168).

Ein Sturz zerreißt die Kohärenz von Wahrnehmen und Bewegen (v. WEIZSÄCKER 1986[5]) bzw. den telisch-autotelischen Qualitätszyklus, der sich in PROHLS Worten wie folgt gestaltet: "Der telische Zyklus des Verhaltens, der die Reihe Intentionalität - > Aufmerken - > Intention - > Handeln - > Folgen/Wirkungen des Handelns in der Welt - > telische Qualität des Handelns durchläuft. Die Intention definiert gleichsam den 'Soll-Wert' der Selbstbewegung, während die Folgen/Wirkungen den 'Ist-Wert' darstellen. Die telische Qualitätsrelation repräsentiert die Instanz des 'Soll/Ist-Vergleichs', d.h. den Handlungserfolg, der subjektiv die neue Ausgangslage (Intentionalität) der Folgesituation bestimmt" (PROHL 1995, S. 49). Die autotelische Qualitätsdimension kennzeichnet die werthafte Widerfahrnis der "inneren Handlungsführung", die positive oder negative Beziehung zwischen "Intentionalität (als Gerichtetheit zur Welt) und den (Zwischen-)Ergebnissen der Bewegungshandlung" (a.a.O., S. 50).

2.4.5 Zur Einführung des Begriffs "Bewegungsleistung"

Die Leistung[6] als Ergebnis einer Handlung und die Bewegungsleistung im Sinne eines "mitlaufenden" Vorgangs als Erscheinung des Sich-bewegens haben ebenfalls eine große Bedeutung für die Unterrichts- und Trainingspraxis des Sports. Zwischen der

---

[5] "Telos (griech.): Ziel, Zweck" (PROHL 1991, S. 168)
[6] Der Begriff der "Leistung" wird vielseitig verwendet. Im Zusammenhang damit stehen verschiedene Sichtweisen auf den Leistungsbegriff bzw. sportliche Kategorien, auf die hier nicht weiter eingegangen wird. Als Hinweis sei nur auf die Darstellungen unter dem Schlagwort Leistung und den weiteren Verbindungen dazu in RÖTHIG (1992[6]) verwiesen.

Bewegungsleistung und der Bewegungsqualität (PROHL 1990) lassen sich Affinitäten feststellen, die auch in bezug auf das Bewegungslernen wichtig sind (dazu Abschnitt 2.4.6). Dieser Aspekt wird in empirischer Absicht genutzt, wenn in der Untersuchung (Kapitel 3 und 4) zu Effekten der Ukemi auf das Bewegungslernen nach absolvierten Testaufgaben durch Befragung und Bewertung die Bewegungsqualität und die Bewegungsleistung ermittelt werden. Es würde in der Sportpraxis als widersinnig erscheinen, wenn nach einer sportlich erfolgreichen Handlung der Betreffende sagen würde, daß er ein absolut schlechtes Bewegungsgefühl hatte (Ausnahmen und Grenzfälle werden in diesem Fall nicht beachtet). Es würde ebenso widersinnig sein, wenn ein Turner nach absolvierter Übung (z.B. einem gelungenen Hocksprung) von einem guten Bewegungsgefühl spricht, daß er gerade erlebt hatte und die Leistung nicht dementsprechend bewertet werden würde.

Vor allem ein Sturz zerreißt den Aspekt von guter Leistung und Bewegungsgefühl im Sport. Es wurde in dem Zusammenhang schon darauf hingewiesen, daß sich die Qualität einer Bewegungshandlung für ein Individuum in der Intention und dem Ergebnis darstellt. Leistung, Erfolg und Ergebnis sind Bezeichnungen, die als Kategorie am Ende einer Handlung stehen können. Auf eine Differenzierung mit dem Schwerpunkt der Bewegungsleistung, wie er in der empirischen Untersuchung zur Anwendung kommt, soll hier eingegangen werden. Allerdings muß der Einwurf geltend gemacht werden, daß Leistung im Sport oft mit Erfolg gleichgesetzt oder damit verwechselt wird (vgl. GRUPE 1982, S. 175). Ergebnisse einer Bewegungsaufgabe repräsentieren u.a. eine Leistung, die im Sport durch den "Vorgang des Leistens" (MARTIN/CARL/LEHNERTZ 1993[2], S. 22), bzw. eine mitlaufende ständige Handlungsleistung während der Bewegung und einem endgültigen Resultat gekennzeichnet sind. Leistungen des Menschen sind an verschiedene Bedingungen geknüpft. Leistungsbedingungen können in "personale und apersonale Bedingungsvariablen" unterschieden werden (a.a.O., S. 24). Zu intervenierenden personalen Bedingungsvariablen der Bewegungsleistung gehört u.a. die Angst, und damit auch die Angst vor einem Sturz. ALLMER (1983, S. 251) weist auf einen Zusammenhang "zwischen Angst und

Bewegungsverhalten" in bezug auf das Bewegungsresultat und damit der Leistung hin. Zu apersonalen Bedingungen der Leistung gehören Umwelteinflüsse und materielle Bedingungen.

Die menschliche Bewegung kann nicht nur als etwas "individuell Bestimmtes" (GRUPE 1982, S. 158) angesehen werden, sie ist in das gesamte Leben eingebunden und unterliegt sozialen und kulturellen Wertvorstellungen. Die Bewegung wird als Leistung anerkannt, wenn sie qualitativ, also nach Gütekriterien und Maßstäben bewertet und ebenso als gelungen empfunden werden kann. "Der Sport ist in diesem Sinne als ein 'System' anzusehen, in dem einerseits Leistungen in dem angegebenen Sinne erbracht werden können, Bewegungskönnen somit als Leistung erlebt, empfunden und bewertet werden kann, und in dem andererseits insgesamt recht verständliche Gütemaßstäbe und einsichtige Bewertungskriterien vorhanden sind, die es erlauben, ein bestimmtes Können als relativ eindeutige Leistung zu bestimmen" (GRUPE 1982, S. 159). Aus diesem komplexen Ansatz hat GRUPE

- die sachlich orientierte,
- die individuumzentrierte,
- die sozialbezogene,
- und die normorientierte "Sichtweisen des Leistungshandelns" herausgestellt (a.a.O., S. 160).

BÖS/MECHLING (1983) heben den praxisnahen Bezug hervor und differenzieren in sportmotorische Leistung (zum Beispiel in einem Test) und sportliche Leistung (im Wettkampf). Die sportliche Leistung unterliegt gewissen Regeln, die Ergebnisse beider Komplexe können physikalisch meßbar sein oder einer subjektiven Bewertung unterliegen.

Das Zustandekommen sportlicher Leistungen wird von MARTIN/CARL/LEHNERTZ (1993^2) in vier Gruppen aufgeteilt: "(1) Leistungen, die nach Raum, Zeit und Gewicht zu messen und damit absolut objektivierbar sind; (2) Leistungen, die auf eine vorher fixierte Punktetabelle bezogen werden; (3) Leistungen, deren Maßstab die Überwältigung eines Gegners ist und (4) Trefferleistungen, besonders im Bereich der Sportspiele" (Ebenda, S. 24).

2.4.6 Zum Prozeß des Bewegungslernens

Lernen und Lernerfolg werden manchmal mit Leistung in Zusammenhang gebracht, weil innere Vorgänge des Lernens beim Menschen nicht sichtbar sind, aber die Auswirkungen und Ergebnisse eines Lernprozesses sich in einer beobachtbaren Lernleistung niederschlagen (vgl. LEVITT 1987[5]). Deutlich wird das anhand von Situationen und Beispielen aus dem Sportunterricht, wenn nach einer festgelegten Übungszeit eine "Lernzielkontrolle" (z.Bsp. Sprunghocke im Turnen) vom Lehrer durchgeführt wird. Die Bewegung wird dann als "Tat des Nachmachens", als vom Lehrer beim Schüler erwartetes Verhalten oder als "Leistung" verstanden und vom Beobachter bewertet. Es stellt sich allerdings die Frage, was der Schüler in der vorgegebenen Zeit wirklich gelernt hat, wie die Bewegung von ihm reflektiert wird und ob es sich bei Prüfer und Prüfling um das gleiche Bewegungsverständnis, um das gleiche "Bild" (vgl. ENNENBACH 1991[2]) vom Vorgang Hocke handelt. Damit wird wieder das Problem der Wahrnehmung aufgeworfen, die "'gute Gestalten' oder 'klare Strukturen'" (EDELMANN 1986[2], S. 281) im erfolgreichen Lernprozeß und an der Bewegungsaufgabe erkennen läßt oder aber versagt.
TIWALD (1979) betont, daß die Selbstwahrnehmung und die Wahrnehmung beim Bewegungslernen wichtig sind und gerade im Judo dem spezifischen Anforderungsprofil des Kampfsports entsprechen. Er weist darauf hin, daß im Budo Bewegungslernen nicht an einer äußerlichen "Form", sondern durch seine "Funktion" bestimmt wird. "Wenn der Meister dem Schüler im Budosport eine Bewegung vorzeigt, so stellt er diesem nur ein Thema, das nicht stur zu kopieren, sondern in voneinander minimal abweichenden Variationen zu realisieren ist. Das Thema wird dann beherrscht, wenn der Schüler in der Lage ist, sich die kleinen Unterschiede der Variation im Vollzug

bewußt zu machen, wenn er, wie es ausgedrückt wird, seinen Körper im Bewegen mit Bewußtsein durchtränkt hat" (TIWALD 1979, S. 10).

Eine Bewegung als gestelltes und zu lösendes Problem zu sehen, als "Formen zum Nachempfinden oder Nacherleben", dieser Ansatz wird von VOLGER (1995, S. 157) aufgegriffen. Neben der "Form" (Technik, Funktion oder Ausführungsvorschrift) unterscheidet er Sich-bewegen als "Gestalt" und "Beziehung". Bewegungen als Gestalt verstehen heißt, sie als ganzheitlich transmodale Gefühlseindrücke, als "heil" oder "verletzt" wahrzunehmen. Bewegungen als Beziehungen zu sehen meint, "die Beziehungen des Menschen zur Welt" und Lernen als Weg "von einer gestörten zu einer harmonischen Beziehung zwischen Mensch und Welt" zu sehen (a.a.O., S. 157). Versteht man die **Ukemi als Form**, kann das **Fallen-Lernen** im Sinne VOLGERS **als Gestalt** eingeführt werden, als ordnungsbildende Kraft, die den Stürzenden (nach VOLGERS Worten) "heilt". Durch das **Fallen-Können als Beziehung** kann die Harmonie von Mensch und Welt erhalten bzw. wieder hergestellt werden.

GRÖBEN (1995b) kritisiert, daß solche Situationen, wie sie am Anfang des Abschnitts erwähnt wurden (siehe "Lernzielkontrolle" der Hocke) "aus heutiger Sicht überaus einseitig und radikal" erscheinen und von "Behavioristen" als Austausch der "Systeme", des lehrenden und des lernenden Systems, verstanden würden (vgl. a.a.O., S. 129). Bewegungslernen und Bewegungserziehung müssen sinnvoll sein, die "Wehrlosigkeit des Schülers" (MAURER 1992[2], S. 72) aufheben und den Wert des Könnens erfassen. GRÖBEN (1995b) fordert daher eine ganzheitliche Sicht auf den Lernenden. Sinn und Wert sportlichen Könnens sowie Bildung und Erziehung werden dabei als herausragende Bedeutungseinheiten der menschlichen Bewegungsleistung genannt.

Im Anschluß an das im Abschnitt 2.4.4 eingeführte Bewegungsmodell von PROHL (1991) hat GRÖBEN (1995b) eine spezifische Theorie des Bewegungslernens vorgeschlagen. Dabei sind das Bewegungsmodell (PROHL 1991), der Begriff "Bewegungsqualität" (ders. 1990, 1991) und GRÖBENs Lerntheorie konsistent und zum Zwecke der Formulierung empirisch prüfbarer Hypothesen entwickelt worden.

Für die Entwicklung seines Lernmodells stellt GRÖBEN (1995b, S. 133ff) thesenhaft "Strukturkerne phänomenal gegebener Zusammenhänge" auf.

"- *Die phänomenale Welt ist die Welt des Handelns.*
- *Die phänomenale Welt ist intentional strukturiert.*
- *Die phänomenale Welt ist die Welt des direkten Wahrnehmens.*
- *Intentionale Strukturen beruhen auf lebensweltlichen Erfahrungen.*
- *Bewegung ist Mittel und Voraussetzung gegenständlicher Erfahrung*" (Ebenda).

Durch das Bewegungslernen wird eine Veränderung des Verhältnisses von Mensch und Umwelt erreicht. Die Sperrigkeit des Leibes wird überwunden, die Bewegung zunehmend beherrscht (GRUPE 1984^3) und der intentionale Bezug verändert. Über die Kategorien "Bewegung und Qualität", die anhand des prozeßanthropologischen Modells von PROHL (1991) reflektiert und in der vorliegenden Arbeit bereits behandelt wurden, entwickelt GRÖBEN "***Basiseinheiten des Bewegungslernens***" (1995b, S. 140ff).

Es wird davon ausgegangen, daß "***die Weite des intentionalen Vorentwurfs***" einer Bewegung die subjektiv erlebte Dauer der Bewegungshandlung bestimmt. Für einen Schüler, der im Sportunterricht eine Hocke über einen Bock springen will, ist es wichtig, wie weit er seinen Bewegungsablauf voraus entwerfen kann. Anfänger oder ängstliche Schüler, die am Anlauf stehen, bleiben im geistigen Vorentwurf der Handlung oft schon am Absprung "hängen". Primäre Angstauslöser (BAUMANN 1993), die Angst vor der Höhe des Gerätes, können Gründe sein, die den Schüler nur bis zu diesem Knotenpunkt der Übung intendieren lassen. Könner dagegen setzen die intentionale Spanne ihres Bewegungsentwurfs weiter, sie verlängern damit ihre "Bewegungsgegenwart" und entwerfen die Handlungsintervalle (Anlauf zur Hocke, Absprung, Stütz >) in die Zukunft (... > bis zur Landung). "Die Verkopplung einzelner Intervalle bzw. einzelner intentionaler Vorentwürfe zu einer komplexen, teilbezogenen Handlungsgestalt soll (...) als ***intermodale Kombination*** bezeichnet werden" (GRÖBEN 1995b, S. 141). So, wie die Aufmerksamkeit auf die einzelnen Schwerpunkte der Übung gelegt wird und so, wie die Bewegung dem Schüler werthaft widerfährt, wird sie als "mitlaufendes" Bewegungsgefühl erfahren.

Als "*die Weise des strukturierten Erlebens*" kennzeichnet GRÖBEN (1995b, S. 142) die dritte Basiseinheit des Bewegungslernens. "Die Weise, d.h. das 'Wie' der werthaften Widerfahrnis der (Handlungs-) Dauer, entscheidet über die Art des Aufmerkens und wirkt damit via Intentionalität auf die Genese der folgenden Intention. Geschieht dies im Sinne negativer Widerfahrnisse, so zerreißt das Gegenwartskontinuum durch Aufmerken auf nicht-intendierte (Handlungs-) Ergebnisse, welche zu nicht-intendierten Folgen und Wirkungen umschlagen" (Ebenda, S. 142). Ein Sturz (bei der Hocke) wäre ein solches Zerreißen des Gegenwartskontinuums. Aufmerken durch Erschrecken und plötzlicher Verlust des Gleichgewichts lassen den Schüler die körperliche und materielle Bedeutung (SCHIERZ 1982, S. 388f) des Sturzes erfahren. Das Fallen-Können als Antagonist zum Sturz (vgl. BAUMANN 1993) kann die Folgen der Fallkraft "abfedern" und damit mögliche Verletzungen vermeiden. Gelingt aber die Übung, gibt es "wiederholt positive Rückmeldungen auf die Intentionalität" und führt das zu einer ständigen "Verlängerung der zeitlichen Erstreckung der Bewegungsgestalt" könnte das "der systematische Ort des 'fruchtbaren Moments' sein, jener Prägnanzerfahrung, die vor allem im Bewegungslernen eine wichtige Rolle spielen" (GRÖBEN 1995b, S. 142). Das Fallen-Können, als ein die Bewegung begleitendes "Sicherheitsgefühl", kann somit den Lernprozeß unterstützen.

2.4.7 Zum Bewegungslernen durch Transfer

"Das Subjekt lernt keine bestimmten Bewegungen (Reaktionen), sondern Bewegungsweisen, Methoden, die in ihrer Bedeutung und in ihrem Wert für die Bildung vollkommen neuer Verhaltensweisen entdeckt werden. Beim echten Lernen erweitert sich der Daseinshorizont, und die Informationen werden vermehrt" (BUYTENDIJK 1967, S. 200). Daher liegt die Vermutung nahe, daß gerade Bewegungsweisen geeignet sind, daß man sie von einer Form in eine neue übertragen kann. EDELMANN (1986[2], S. 210) gebraucht für diesen Prozeß der "Lernübertragung" den Begriff "Transfer". Transfer bezeichnet im ursprünglichen Sinn die Übertragung eines Sachverhaltes oder Prozesses auf einen anderen Vorgang. Für das Erlernen sportlicher Bewegungen gilt nach LEIST: "Beeinflussen die Ergebnisse eines Lern- oder Übungsprozesses einen anderen Lern- oder Übungsprozeß oder sein Ergebnis, so bezeichnet der Begriff Transfer diese Einflußnahme oder ihr Ergebnis" (1992[6], S. 532). LEIST unterscheidet Transfer in zwei Klassifikationen, den prediktiven und den simultanen Transfer. "Prediktiver Transfer" liegt vor, wenn das Erlernen einer Bewegung das Erlernen einer ähnlichen, aber schwierigeren Bewegung beeinflußt. Wenn z.B. im Turnen von Schülern die Rolle vorwärts aus dem Stand und die Ansprungrolle beherrscht wird, sollte es durch den prediktiven Transfer der Bewegungsform Rollen möglich sein, Hindernisse (Turnhocker, Mattenberg u.a.) mit einer Hechtrolle zu überwinden.

LEIST spricht von einem "simultanen Transfer", wenn das Training einer Technik das Erlernen einer anderen Technik positiv beeinflußt (1979, S. 23f). Im Judo ermöglicht das Erlernen der Falltechniken dann das Erlernen der Würfe. Beide Judoka müssen fallen können, um sich abwechselnd verletzungsfrei zu werfen und am Kampf teilnehmen zu können (vgl. HOFMANN 1983, SCHIERZ 1989, CLEMENS/METZMANN/SIMON 1989).

Man kann Schüler nicht auf alle widerfahrenden "Bewegungssituationen" oder spezifische Situationen des Sportes vorbereiten, man kann sie aber anregen, selbstständig Probleme zu lösen (EDELMANN 1986[2]) und Bewegungserfahrungen zu sammeln. Bewegung, Spiel und Sport verkörpern auch das Lösen von Aufgaben, daher ist es unter dem Aspekt des Transfer die Frage, ob das, was man gelernt hat auch gegenseitigen "Nutzen bringen" kann. In diesem Sinne wird davon ausgegangen, daß das Fallen-Können als Transferleistung eine Unterstützung für das Bewegungslernen ist. Beispiele, in denen Fallen als Bewegungserfahrung und freudbetonter Aspekt der Bewegung erlebt und bewußt gewollt wird, sind von SCHIERZ (1989) beschrieben worden.

2.5 Ukemi - Fallen als Lernthema des Judo

"Erwachsene fallen ungern. Sie haben Angst, sich weh zu tun. Nicht selten wird dies zum Problem der Fallschule, die unabdingbar zum Erlernen von Judo gehört" (SCHIERZ 1989, S. 46). Die Fallschule im Judo hat in der Trainingspraxis u.a. den Charakter eines "Sicherheitspolsters" und hilft bei der Hinführung des Judoka zu seinem Sport. Durch die Ukemi wird dem jungen Judoka der Weg frei gemacht, den Kampfsport auszuüben. Hauptsächlich für die Standarbeit und für die Vorbereitung des Kampfes ist das Fallen-Können wichtig, denn es ist ein zu-Boden-gehen im Gleichgewicht. "Wer geworfen wird, muß so fallen können, daß er sich nicht verletzt. Hierzu ist im Judo eine Technik herausgebildet worden, die durch das federnde Abschlagen mit einem oder beiden Armen vor dem Aufprall den Fall bricht und in Verbindung mit offener Beinhaltung die Aufprallenergie auf eine möglichst große Fläche verteilt" (SCHIERZ 1989, S. 52).

Lernen im Judo bedeutet für den Anfänger, sich die spezifischen Anforderungen (japanische Begriffe, Wurf- und Grifftechniken, Kampfsituationen, Verhaltensweisen u.a.) durch Übung anzueignen und umzusetzen. Lernen der Ukemi zielt auf das Bewegungskönnen (HOFMANN 1983). Die Koordination der Bewegungen und eine gewisse Konstanz im Handlungsablauf sollen bis zur variablen Verfügbarkeit (MEINEL/SCHNABEL 1976) führen.

2.5.1 Zum Gleichgewicht im Judo

"Ohne gute Falltechnik ist die Teilnahme am Kampf um das Gleichgewicht nur sehr begrenzt möglich" (SCHIERZ 1989, S. 52). Im Judo unterscheidet man verschiedene Formen des Gleichgewichts (vgl. LEHMANN/MÜLLER-DECK 1986), die für ein Verständnis des Kampfsports wichtig sind und in der gebotenen Kürze dargestellt werden sollen. Man bezeichnet es als indifferentes Gleichgewicht, wenn die wirkende Schwerkraft auf einen Körper sich nicht verändert und damit die Lage im Raum nicht verändert wird. Ein stabiles Gleichgewicht liegt vor, "wenn sich das Lot des Körperschwerpunktes innerhalb der Unterstützungsflächen befindet" (LEHMANN/MÜLLER-DECK 1986, S. 20). Man spricht von einem labilen Gleichgewicht, "wenn sich das Lot des Körperschwerpunktes über dem Rand der Unterstützungsflächen befindet" (Ebenda, S. 21). Es gibt weitere Aspekte des Gleichgewichts, die im Judo (und auch in anderen Sportarten) wichtig sind.

Zum sportartspezifischen Anforderungsprofil des Judo zählt SCHIERZ komplexe Kampfhandlungen wie die "Trefferoptimierung", "Situationsorientierung" und "Gegnerbehinderung" (1989, S. 14ff). Für die Beibehaltung des Gleichgewichts des Judoka "... haben vor allem auch die von außen einwirkenden Muskelkräfte des Gegners Einfluß. Beide Gegner befinden sich in systemhafter Beziehung zueinander. Diese systemhaften Beziehungen in Form eines Gleichgewichts können durch von außen oder von innen wirkende Kräfte sowohl aufrechterhalten als auch gestört werden" (LEHMANN/MÜLLER-DECK 1986, S. 22). GÖHNER spricht in dem Zusammenhang von den "gegner-behindernden Bewegern" oder auch von "Anti-Bewegern" (1979, S. 104). Dafür gibt es im Judo den japanischen Begriff des "Kuzushi", der als Gleichgewichtbrechen übersetzt wird (vgl. KURIHARA/WILSON 1966; HOFMANN 1983). Im Zusammenhang von Wurf und Fall verwendet man den Begriff des gebrochenen Gleichgewichts, wenn sich das Lot des Körperschwerpunkts außerhalb der Stützflächen befindet (vgl. LEHMANN/MÜLLER-DECK 1986; WALKER 1990). Den Effekt des Wegnehmens von Stützflächen machen sich Judoka im Stand- und Bodenkampf zunutze. Beispiel dafür sind Fußfege- oder Hakelwürfe. Bei anderen Würfen spricht man eher vom Brechen des Gleichgewichts, da der Partner noch fest auf dem Boden steht und auch Widerstand leistet. Im Bodenkampf gilt im Judo der Terminus des Wegreißens von Stützflächen (beispielsweise der Arme in der Bankstellung), um den Gegner auf den Rücken drehen zu können. Im Moment der Drehung befindet sich der Verteidiger im Ungleichgewicht, das führt dann auch zu seiner Beherrschung. Aus diesen Ansätzen wird ersichtlich, daß im Judo das Bemühen um die Aufrechterhaltung des eigenen Gleichgewichts Vorrang hat.

2.5.2 Zur Darstellung der Ukemi

Die Frage nach den historischen Quellen des Judo und den Ukemi wird unterschiedlich beantwortet. Der Begründer des Judo betont; "The words jujutsu and judo are each written with two Chinese charakters" (KANO 1989[3], S. 16). KURIHARA/WILSON (1966, S. 13f) verweisen ebenfalls auf chinesische Einflüsse. Welche Kräfte im Moment des Aufkommens von Uke auf den Körper einwirken, wurde bereits dargestellt (siehe 2.2.1). Wie diese Fallkraft abgefangen wird, ist Gegenstand der nachfolgenden Ausführungen. Primär steht das erfolgreiche Werfen im Mittelpunkt der Judoausbildung[7]. Zu den erfolgsbestimmenden Phasen der Handlung Judowurf gehören an erster Stelle das "Kuzushi" (Gleichgewichtsbrechung und Anriß), dann das "Tsukuri" (Eindrehen und Ausheben) und Rotations- oder Kippbewegungen des "Kake" (Niederwurf). Die drei Phasen sind bei richtiger Ausführung dynamisch miteinander verknüpft. Das Mißlingen einzelner Teilparameter zieht eine Veränderung des Wurfablaufes und des Fallens nach sich. Teilparameter des Judowurfes sind:

- Schnellkraftfähigkeit im Kuzushi,
- Anrißkraft und Anrißkontinuität (vgl. NOWOISKY 1991),
- Geschwindigkeit des Drehens/Platzwechsels,
- eigene und Beschleunigung des Gegners zum Wurf,
- Umsetzung des Drehmoments,
- Beinarbeit (Streckung, Fegebewegung, Hakelbew. u.a.),
- spezielle Haltekraft[8] im Wurf.

In Ableitung von NIEKE (1980) kann man diesen Komplex auch als das Zusammenspiel von inneren und äußeren Kräften bei Judowürfen bezeichnen. Die genannten Aspekte des Wurfes sind gleichermaßen wichtig, wenn man Aussagen über das Fallen

---

[7] Bei aller Wichtigkeit einer vielseitigen und den Bodenkampf nicht zu vernachlässigenden Judoausbildung liegt der Schwerpunkt hier auf dem Standkampf.
[8] Im Judo wird in dem Zusammenhang auch von "Krallkraft" gesprochen.

im Judo treffen will. Sie müssen daher mit berücksichtigt werden. Im Judo werden grundsätzlich drei verschiedene Fallrichtungen unterschieden: das Fallen nach hinten, nach vorne und zur Seite (vgl. HERRMANN 1985). Dazu gibt es verschiedene Ausführungsformen wie die Fallrolle oder das frontale Fallen vorwärts, Fallrolle rückwärts und die Falltechnik seitwärts (vgl. GEESINK 1966). Judowürfe und viele andere Übungsformen werden hauptsächlich mit der seitlichen Falltechnik abgefangen. Entscheidend für eine verletzungsfreie Ausbildung ist ein sicheres Erlernen der Ukemi.

2.5.3 Zum Erlernen der Ukemi

In der Einheit von Werfen und Fallen im Judo (vgl. SCHIERZ 1989) läßt sich auch die Einheit von Wahrnehmen und Bewegen als ein "Sich-verhalten-zur Welt" (PROHL 1995) verfolgen. Der Uke soll durch Hüftwurf gekonnt auf die Matte fallen (Intentionalität). Der Wurf beginnt, Uke verliert das Gleichgewicht (Aufmerken). Bereits im Fall (Intention) oder kurz vor dem Moment des Aufkommens will der Uke die korrekte Körperhaltung einnehmen (Handeln). Wurf und Fall gelingen ohne Schmerzen und verletzungsfrei (Folgen/Wirkungen), der Zweck der Handlung ist erfüllt (telische Qualität des Handelns). Wenn die Ukemi als "runde" und dynamische Bewegung im "richtigen Moment" (SCHIERZ 1989, S. 70f) gelang, stellt sich auch ein gutes Bewegungsgefühl (autotelische Qualitätsrelation) ein (nach PROHL 1995). Im gesamten Handlungsprozeß - Fallen nach einem Hüftwurf - lassen sich die "Basiseinheiten des Bewegungslernens" (GRÖBEN 1995b, S. 140ff) erkennen. Es muß durch Uke ein intentionaler Vorentwurf ("die Weite") der Handlung Fallen stattfinden, vom Eindrehen des Tori bis zur Bodenberührung des Uke. Die einzelnen Handlungsintervalle werden
miteinander verkoppelt ("intermodale Kombination"). Durch "die Weise des strukturierten Erlebens" erfolgt für Uke eine werthafte Widerfahrnis" der Ukemi.

Die korrekte Ausführung der Ukemi wurde vielfach beschrieben (vgl. MIFUNE 1967; HOFMANN 1983; OHGO 1972; SIGMUND 1996). Besonders bei WOLF (1983[18]; 1986[14]) und LEHMANN/MÜLLER-DECK (1986, S. 29ff) sind die wichtigsten Kriterien der Ukemi treffend zusammengefaßt. Danach gibt es folgende Schwerpunkte, die es zu beachten gilt:

- die Wucht des Falls muß auf eine große Fläche verteilt werden,
- der Armschlag erfolgt unmittelbar vor dem Körperaufprall,
- der Arm-Rumpf-Winkel soll etwa 45° betragen,
- ein gewisses Maß der Anspannung der Rumpfmuskulatur ist, verbunden mit einer speziellen Atemtechnik.

WOLF verweist neben der optischen Kontrollmöglichkeit, die durch den Trainer erfolgt, auf eine akustische Kontrolle hin. Diese kann im Moment des Fallens von Uke und Tori vorgenommen werden. "Die richtige Ausführung und damit die Wirksamkeit des Armschlages kann leicht am Klang festgestellt werden. Ist der Ton dunkel und weniger peitschend, dann kommt der Armschlag zu spät. Der ganze Rumpf wirkt dann als Resonanzboden und verursacht den dumpfen Klang. Ist bei der Fallübung ein helles, patschendes Geräusch zu hören, wird der Schlag zu früh ausgeführt. (...) Es muß angestrebt werden, durch den Armschlag einen kurzen, vollen Ton zu erzielen, der an das Knallen einer Peitsche erinnert" (1983[18], S. 25). Der Armschlag entwickelt einen Impuls, eine Gegenkraft zum Aufprall. In hoher Geschwindigkeit bewegt sich der Arm am Körper vorbei, er überholt ihn im Fall und schlägt auf die Matte. Die Kraft des Armschlags bremst die Aufprallenergie. Die kinetische Energie der Wurfbewegung, bestimmt durch Fallgeschwindigkeit, Masse, Rotation und Wurfkraft, wird nach dem Abfedern durch die Ukemi in potentielle Energie umgewandelt. Würde die Falltechnik im Judo von Anfängern nicht eingesetzt, nähme die Wucht auf den Körper ein solch hohes Maß an, daß die Energieaufnahme für die inneren Organe einen kritischen Zustand erreichen könnte. Die Lunge kann durch Prellungen ebenso in Mitleidenschaft

gezogen werden wie die Nieren. Bei Traumata im Kopfbereich nach Wurf- und Fallübungen bemerkt man bei Neulingen häufig Klagen über Kopfschmerzen. Schon in diesem Stadium lernt der Anfänger, daß er den Kopf, die Ellenbogen und Knie beim Prozeß des Fallens besonders kontrollieren muß. Erfahrene Judoka sprechen davon, daß man der Matte beim Fallen "keine Ecken anbieten" darf (SIGMUND 1996). Ursprüngliche Reflexe, wie sie FELDENKRAIS (1987) beschrieben hat, werden wieder mobilisiert[9]. Mit weiterem Üben verringern sich die Beschwerden, man erreicht zunehmend "das Gekonnte der Leistung" (BOLLNOW 1991, S. 46). Die von MIEBACH und TIMM (1988) aufgezeigte Systematik des Erlernens der Fallschule über Zergliederung in Phasen ist auf das schnelle Erreichen der Bewegungsleistung Fallen-Können ausgerichtet. "Die Fähigkeit zur Leistung ist über den Weg des Sports schneller zu erreichen als über den Weg des Budo, da der Sport die Technik im konditionellen Routinetraining wettbewerbsfähig macht" (LIND 1992, S. 119).
Fragwürdig bleibt aber folgender Standpunkt: "Bei sehr vielen Schülern ist es anfangs kaum zu vermeiden, eine fast militärische Ausbildung vorzunehmen" (S. 231). Das erinnert sehr an das Turnen von SPIEß nach preußischer Prägung (vgl. DIETRICH/LANDAU 1990). SCHIERZ bemerkte, daß hohe Wiederholungszahlen sich kaum vermeiden lassen und damit auch Langeweile verbunden ist, "um so mehr sollte deshalb Abwechslung und Vielfalt die Fallschule kennzeichnen" (1989, S. 52). Daß man im Anfängerbereich mit großer Methodenvielfalt, mit Spielformen und Praxisnähe arbeiten kann, haben Judolehrer bewiesen (vgl. SIGMUND 1996; CLEMENS/METZMANN/SIMON 1989; BIROD 1983).

2.5.4 Judo und Ukemi im Schulsport

Zu Beginn der siebziger Jahre konnte sich Judo im Schulsportunterricht erstmalig etablieren[10]. "Allgemein gültige methodische Maßnahmen und Verfahrensweisen im

---

[9] FELDENKRAIS (1987) bezeichnet das Beherrschen des Fallens sogar als evolutionären Faktor, der die natürliche Auslese mitbestimmte.
[10] Die Einführung des Judo im Schulsport erfolgte mit nur wenigen Jahren Unterschied für das Gebiet der BRD und der DDR.

Schulsport" haben CLEMENS/METZMANN/SIMON (1989, S. 54ff) dargestellt. Aktuelle Betrachtungen zum Judo im Schulsport hat SÜSSENGUTH (1997) vorgelegt. Er verweist hier auf günstige Ausgangsbedingungen, hat aber auch kritische Hinweise für das Judo in der Schule gegeben. "Eine unreflektierte Übernahme der Regeln, Auffassungen und Wertvorstellungen des Judo als Wettkampfsport entspricht nicht dem Erziehungs- und Bildungsanliegen der Schule" (a.a.O., S. 73).

Bemerkenswert ist, daß im Rahmen von Recherchen im Bereich des Schulsports bisher keine umfassenden Erkenntnisse zur Problematik des Fallens vorliegen. KRÜGER (1977) legte eine Untersuchung vor, die sich mit dem "Abbau angstbedingter Bewegungsstörungen bei Judoanfängern" in der 11. und 12. Klasse beschäftigte. In deren Ergebnis hielt KRÜGER fest, daß während des Erlernens der "Fallbewegungen" Erfolge beim Abbau der Angst vor dem Fallen und riskanten sportlichen Bewegungen eingetreten waren. Weitere Betrachtungen des Themas Fallen gab es von SCHIERZ (1982). Diese sind aber nicht zu einer empirischen Untersuchung weitergeführt worden. Man hat die Problematik der Sturzunfälle erkannt, man hat auch die Problematik des Erwerbs von Sicherheit in den Bewegungen durch Übung mit Judofalltechniken aufgegriffen (KARNER 1991). Ob sich daraus nachweisbare Effekte für das Erlernen von Bewegungen erzielen lassen, wurde bisher nicht dargestellt. An diesem Punkt setzt die vorliegende empirische Arbeit an.

3. Versuchsplanung und Versuchsdurchführung
3.1 Entwicklung der allgemeinen Fragestellung

Wie bereits festgestellt wurde, hängt menschliche Bewegung auch mit der Aufrechterhaltung des motorischen Gleichgewichts zusammen. Folgt man diesem bereits erörterten Gedankengang, wirken eine Vielzahl von Faktoren als Einflußgröße auf die Bewegung ein. Eine (zusammenfassende) Darstellung des Bedingungsgefüges der für unsere Betrachtungen und für das Fallen relevanten Komplexe ist in der Abbildung 6 skizziert.

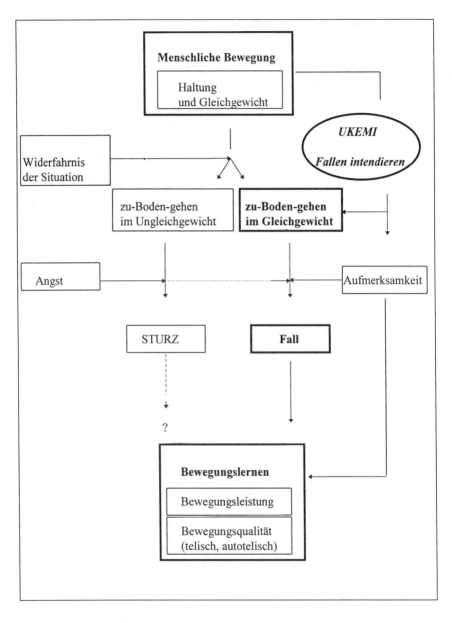

Abb. 6: Wirkdimension des Untersuchungsgegenstandes sowie dessen Interaktion

Die menschliche Bewegung ist in diesem Schema das Hauptkriterium und Ausgangspunkt der Betrachtungsweise zum Fallen. Dem ordnet sich das Fallen ebenso wie andere Grundformen der Bewegung (Laufen, Springen, Klettern ...), als ein wichtiger Bestandteil zu. Die Abbildung 6 skizziert die Widerfahrnis der Situation in Anlehnung an PROHL (1991) als Störung des Gleichgewichts der Bewegung (Foul im Spiel). Verschiedene Voraussetzungen entscheiden darüber, wie die Bewegung fortgesetzt wird. Ein "Bruch" des Gleichgewichts kann zum Stürzen oder Fallen führen. Der bereits definierte Unterschied von Sturz und Fall (Abschn. 2.1) entscheidet über die weitere "Bewegungskarriere". Auf dieser Ebene spielt die Angst vor einem Sturz gleichermaßen eine Rolle wie das Fallen-Können, das mit der Aufmerksamkeit interagiert (Abb. 6). Es bleibt zu erfragen, ob das Erlernen von Falltechniken Einfluß auf die Minderung der Sturzangst hat. Daran schließt sich die nächste Problematik an, ob es durch ein Fallen-können zu einer Verbesserung der Aufmerksamkeit kommt. Das kann über den Faktor Verbesserung der Bewegungsleistung herausgefunden werden. Aufmerksamkeit und Bewegungslernen bedingen einander; folgt man diesem Gedankengang, so sollte eine spezielle Ausbildung von Probanden mit den Ukemi einen positiven Einfluß auf das Bewegungsgefühl und die Bewegungsleistung, speziell beim Erlernen von Bewegungen mit Sturzrisiko, haben. In einer empirischen Untersuchung soll geklärt werden, ob eine gezielte Aneignung von Judofalltechniken das Bewegungslernen verbessert. Die Beantwortung wird, entsprechend der in Abbildung 6 dargestellten Wirkdimension des Untersuchungsgegenstandes, in der Komplexität von Bewegungsqualität und Bewegungsleistung betrachtet. Aus der Entwicklung der allgemeinen Fragestellung leiten sich die Hypothesen ab.

3.2 Hypothesen

1. Eine gezielte Aneignung der Judofalltechniken (Ukemi) zeigt positive Effekte auf das Erlernen sportlicher Bewegungen mit Sturzrisiko.

2. Das Erlernen der Ukemi bewirkt ein Fallen-Können. Dadurch wird die Aufmerksamkeit für Bewegungsaufgaben erweitert und die Bewegungsleistung verbessert sich.

3. Durch das Beherrschen der Ukemi erhöht sich die Qualität des Bewegungserlebens im Prozeß des Erlernens sportlicher Bewegungen mit Sturzrisiko.

4. Bewegungen mit Sturzrisiko rufen Angst hervor. Fallen-Können wirkt angstreduzierend. Die Aneignung der Judofalltechniken (Ukemi) verringert die Angst vor einem Sturz.

3.3 Formale Planung der Untersuchung zum Fallen

FUHRER (1990) unterscheidet das forschungsstrategische Vorgehen in der Psychologie in kontrollierend (experimentell) und explorierend (naturalistisch). Die Beziehung zwischen beiden Versuchsanordnungen bezeichnet er als komplementär.

Das Experiment ist in der Forschung eine Methode, um einen Sachverhalt zu beobachten, zu testen und nach der Hypothesenbildung zu überprüfen. Dabei werden bestimmte Bedingungen oder Vorgänge absichtlich herbeigeführt und deren Gesetzmäßigkeiten überprüft (vgl. VOLKAMER 1978[2]). Die Laboruntersuchung zeichnet sich u.a. dadurch aus, daß man das Milieu künstlich standardisiert. Die Stichproben werden randomisiert, Störvariablen nach Möglichkeit klein und unter Kontrolle gehalten. Dadurch erhält man eine hohe Präzision der Ergebnisse. Aber dem Laborexperiment haftet auch eine gewisse "Sterilität" an.

WOTTAWA unterstreicht die Praxisnähe des Feldexperiments und behauptet, "der Übergang vom Laborexperiment zum Feldexperiment ist fließend. Je weniger die äußeren Bedingungen kontrolliert werden, um so eher spricht man von einem Feldexperiment" (1993[2], S. 126). FUHRER bezeichnet das Feldexperiment als "...quasi-experimentell, weil es selten gelingt, in vorfindbaren Wirklichkeiten die Kontrolle hergestellter Wirklichkeiten des Laboratoriums zu erreichen" (1990, S. 24).

"Wenn man eine psychologische Hypothese abtesten möchte, so genügt es nicht, die in dieser Hypothese erwähnten Merkmale bzw. Eigenschaften möglichst gut zu messen. Man muß auch Situationen finden oder schaffen, in denen man die vermuteten Effekte feststellen kann" (WOTTAWA 1993[2], S. 101). In der vorliegenden empirischen Untersuchung sollten diese Situationen mit Übungsaufgaben erzeugt werden, die auch im Sportunterricht relevant sind. Dazu zählen koordinative Übungen aus dem Gerätturnen und Übungen aus den Ballspielarten, die mit dem Fallen verbunden sind.

Mit der Entscheidung für das Feldexperiment mußten folgende Einfluß- bzw. Störgrößen, in der Untersuchung in Kauf genommen werden, die in unterschiedlicher Weise die Ergebnisse beeinflußt haben: Es mußten die Unterrichtsklassen, so wie sie in Gruppen zusammengefaßt waren, akzeptiert und als Stichproben angesehen werden (siehe nächster Abschnitt). Die Gruppen wurden nicht randomisiert und während der Testzeit nicht aus dem Schulablauf herausgezogen.

Das hatte den Nachteil, daß mit gewissen Unwägbarkeiten wie Leistungsfähigkeit und -bereitschaft, Angst, Unlust oder Verweigerung gerechnet werden mußte. Es wurden im Vorfeld Verfahren eingesetzt, die klären sollten, ob die Stichproben miteinander vergleichbar sind. Alle Vorbereitungen und Tests wurden im Rahmen des Stundenplans der betreffenden Schule durchgeführt. Es konnte keine Rücksicht darauf genommen werden, wie die Vpn. durch vorhergehende Beanspruchung abgelenkt oder ermüdet waren. Der Vorteil des Vorgehens bestand darin, daß dies alles im gewohnten Umfeld des Schüleralltages stattfand.

3.4 Untersuchungsdesign und Erhebungsinstrumente
3.4.1 Zu den Untersuchungsgruppen und zur Aufgabenstruktur

Die Untersuchung zu Effekten der Ukemi bzw. des Fallen-Könnens auf das Bewegungslernen erfolgte an Hand eines Prä-post-Tests mit zwei Versuchsgruppen und einer Kontrollgruppe. Vorgesehen war, einen Gruppenvergleich durchzuführen. Die Stichproben für den Gruppenvergleich der empirischen Untersuchung setzten sich aus den Jungen der neunten Klassen eines Erfurter Gymnasiums zusammen. Die Charakterisierung der psycho-physischen Merkmale dieses Altersbereiches werden in zum Teil differierender Weise vorgenommen. HARRE (1979^8, S. 54) siedelt die Schüler der neunten Klassen zwischen dem "späten Schulalter" und dem "Jugendalter" an. In der motorischen Entwicklung ist dieses Alter nicht ohne Probleme. MEINEL bemerkt eine große "Disharmonie in Gestalt und Motorik" (1971, S. 317). Die Gründe dafür liegen im stark einsetzenden Längenwachstum des Körpers und den Auswirkungen der Pubertät. SÖLL (1982) verzeichnet einen enormen Zuwachs der konditionellen Fähigkeiten für diese Altersstufe. Besonders die Entwicklung der Kraft nimmt bei den Jungen im Alter von 14/15 Jahren kontinuierlich zu. Allerdings bestätigt HARRE diesem Altersbereich "eine gute Lern- und Leistungsbereitschaft" (1979^8, S. 58). Die Lern- und Gedächtnisentwicklung des Jugendalters ist dadurch gekennzeichnet, daß intellektuelle Fähigkeiten, ein ethisches Wertsystem und soziales Verantwortungsbewußtsein herausgebildet werden (vgl. ANGERMEIER/BEDNORZ/SCHUSTER 1991). Die motorische Leistungsfähigkeit der Jugendlichen wird geprägt von der "somatischen Erscheinung", dem Milieu und den kognitiven Voraussetzungen (SÖLL 1982, S. 141ff). Eine mangelnde Gleichgewichtsfähigkeit dürfte aber nicht das Problem sein, denn TEIPEL (1995) bestätigt dem Altersbereich der Jugendlichen (13- bis 17jährige Jungen) eine gute Leistungsfähigkeit.

Die Jungen der sechs neunten Klassen sind an der Erfurter Schule im Sportunterricht in drei Gruppen zusammengefaßt. Diese Gruppenbildung wurde im Feldversuch zur Frage nach dem Einfluß der Ukemi auf den Lernprozeß übernommen. Die Vpn. der Untersuchungsgruppen wurden nicht randomisiert. Der Grund dafür lag in den unterschiedlichen Zeiten der Stundenplanung des Sportunterrichts. Die Klassen konnten nicht zu einheitlichen Terminen zusammengeführt und untersucht werden[11]. Daraus ergab sich, daß die Unterrichtsstruktur zugleich als Untersuchungsstruktur beibehalten werden mußte. Das hatte zur Folge, daß Voruntersuchungen nötig wurden, in denen

---

[11] Vor bzw. nach den Sportstunden waren weitere Stunden mit Fachunterricht gelegt. Außerdem war die Sporthalle ausgelastet, so daß keine Verschiebung des Sportunterrichts der 9. Klassen möglich war.

geprüft wurde, ob die in den drei Blöcken geführten Unterrichtsgruppen miteinander vergleichbar sind (siehe 4.1). Für die Aufgabenstellung der Gruppen wurde die sportartspezifische Spezialisierung der unterrichtenden Lehrer berücksichtigt. Die sechs Klassen teilten sich in folgende drei Gruppen auf:

Die Gruppe 1 (n = 23) wurde als Versuchsgruppe (VG 1) geführt. Die Vpn. dieser Gruppe sollten hauptsächlich Judo und schwerpunktmäßig die *Ukemi* üben. Der unterrichtende Sportlehrer besaß den I. Kyu (Braungurt). Er hatte neben Elementen der Stand- und Bodentechniken die Ukemi in alle Richtungen (vorwärts, rückwärts, seitwärts, frontal) und mit vielfältigen methodischen Varianten geübt.

Die Gruppe 2 (n = 23) fungierte ebenfalls als Versuchsgruppe (VG 2). Sie hatte sich mit Elementen und Übungen des *Gerätturnens* auseinanderzusetzen. Hier wurde das Bodenturnen und Sprünge über Turngeräte wie Bock und Kasten in den Unterrichtsplan aufgenommen. Der betreuende Sportlehrer verfügte über Kompetenzen im Gerätturnen, da er dies einmal leistungssportlich betrieben hatte.

Die Gruppe 3 (n = 29) wurde als *Kontrollgruppe* (KG) geführt. Sie hatte keine speziellen Aufgaben. Der verantwortliche Sportlehrer hatte mit den Jungen seiner Gruppe während des Untersuchungszeitraumes Schwerpunkte in der technisch-taktischen Ausbildung im Basketball gesetzt.

Der Vergleich von Lehrmethoden, darunter des Einsatzes der Ukemi in einer intensiven Form, sollte zeigen, welchen Stellenwert diese Methode gegenüber anderen hatte. Dazu mußten verschiedene Testaufgaben mit angemessenem Schwierigkeitsgrad gefunden werden, die dem koordinativen Leistungsvermögen der Schüler entsprachen. Daher wurden folgende Aufgaben ausgewählt:

- *Hocke über einen Doppelbock*
- *Handballfallwurf*
- *Hechtrolle über einen Kasten*

Es sollte mindestens eine Übungsaufgabe aus dem Bereich des Gerätturnens in der Untersuchung vorkommen. Das Gerätturnen ist eine koordinativ anspruchsvolle Sportart, in der die Angst vor dem Sturz vom Gerät bei Schülern und Aktiven eine besondere Rolle spielt. Der Vorgang Fallen ist keine primäre Übungshandlung, aber er wirkt auf die Schüler bei schwierigen Aufgaben in gewisser Weise psychisch übungsbegleitend. Die Angst vor einem Sturz hat bei vielen Turnaufgaben eine hemmende Wirkung auf die motorischen Abläufe. Wie bereits im Abschnitt 2.2 betont wurde, nimmt das Fallen in Spielsportarten einen wichtigen Platz ein, daher wurde auch aus diesem Bereich (Handball) eine Übung zum Test herangezogen.

Die Testübungen wurden mittels Videoaufnahme dokumentiert. Die Befragung der Versuchspersonen erfolgte durch die Technik der semantischen Differentiale (siehe Abschnitt 3.4.3). Die Berechnung der gewonnenen Daten mittels statistischer Verfahren und die Verfahren der Datenauswertung werden im Abschnitt 3.4.4 erörtert. Die empirische Untersuchung war als Feldexperiment konzipiert.

3.4.2 Inhaltliche Planung des Untersuchungsablaufs

Die Untersuchung fand von August bis November 1995 statt. Es handelte sich um einen Gruppenvergleich mittels Prä-post-Test mit Kontrollgruppe. Die Gesamtzahl der Probanden betrug n = 75. Wie der folgenden Abbildung 7 zu entnehmen ist, waren drei Meßzeitpunkte (MZP) geplant. Zu jedem MZP wurden drei Tests durchgeführt, diese werden im Kapitel 4 ausgewertet. Es handelt sich um Bewegungsaufgaben, die ein Sturzrisiko beinhalten (Hocke über einen Doppelbock) oder das Fallen-Können einschließen (Hechtrolle über einen Kasten, Handballfallwurf). Die Testaufgaben werden in den Abschnitten 4.2, 4.3 und 4.4 detailliert beschrieben.

Folgender Ablauf wurde realisiert:

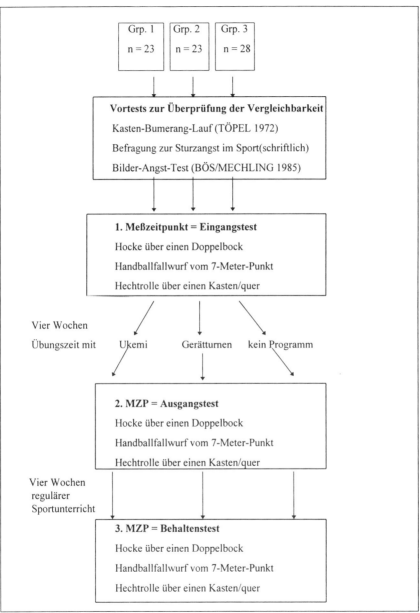

Abb. 7: Plan der empirischen Untersuchung zum Fallen-Können und zum Bewegungslernen

Die Abbildung 7 veranschaulicht, daß mit zwei Versuchsgruppen und einer Kontrollgruppe während des gesamten Untersuchungszeitraumes gearbeitet wurde. Über entsprechende Vortests (siehe 4.1) sollte untersucht werden, ob die Gruppen über ein vergleichbares Ausgangsniveau verfügten. Die Gruppen wurden bezüglich intervenierender Variablen nicht randomisiert. Sie mußten auf Grund des Stundenplans und entsprechend der Unterrichtsstruktur so in die Untersuchung übernommen werden. Der zeitliche Verlauf der gesamten Untersuchung erstreckte sich über zwölf Wochen. Aus der Abbildung 7 wird deutlich, daß die Übungszeit nach dem Eingangstest vier Wochen betrug. Danach wurde ein Ausgangstest durchgeführt. Nach dem Ausgangstest hatten alle Schüler vier Wochen regulären Sportunterricht. In der Zeit erfolgte keine Judo- oder Turnausbildung. Nach diesem Zeitraum war ein Behaltenstest vorgesehen. Die Reihenfolge der Testaufgaben und die Vorgehensweise der Befragung wurde jedesmal strikt beibehalten.

3.4.3 Zum Einsatz semantischer Differentiale

Um subjektive Aspekte der menschlichen Bewegungsempfindung in den vorgesehenen empirischen Untersuchungen sinnvoll zu erfassen, galt es, eine geeignete Methode zu finden. Bewegungsgefühle kann man nicht unmittelbar beobachten. PROHL/SCHEID (1984) verweisen darauf, daß die Anzahl und die Benennung von Emotionsdimensionen ebenfalls problematisch ist. Es mußte daher in unseren geplanten Untersuchungen zum Fallen ein Datenerhebungsverfahren zur Anwendung kommen, daß rationell verfügbar im Sinne der Verwendungsfähigkeit unter Schulbedingungen und vergleichbar war. SCHÄFER (1974) wies auf die Vorzüge bei der Verwendung der semantischen Differentiale hin. Sie sind ökonomisch, verfügbar und vergleichbar im Einsatz. Ökonomisch und verfügbar, da eine einmal erarbeitete Liste jederzeit mit wenig Aufwand auf die entsprechende Anzahl der Vpn. zum Meßzeitpunkt (MZP) verteilt werden kann.

"Die Technik der Bedeutungsdifferenzierung gilt als besonders geeignet, emotionale Bedeutungsprozesse (indirekt) quantitativ zu erfassen" (FUCHS 1975 , S.99). Das Eindrucksdifferential (ED), bzw. semantisches Differential (SD) besteht aus gegensätzlichen Wortpaaren (Antonyme). Sie werden auf einer bipolaren Ratingskala gegenübergestellt. Der Proband kann in einer zeitlich kurzen Differenz Bewegungsaufgaben lösen und diese mit einem Fragebogen gezielt beschreiben. Es gibt zwei Möglichkeiten der Auswertung: Man kann die Profile der Objekte einer Stichprobe graphisch darstellen oder verschiedene Möglichkeiten der Berechnungen vornehmen (vgl. FRIEDRICHS 1981). In unserem Fall sind die Berechnungsverfahren im Abschnitt 3.4.4 vorgestellt. Die Technik der Datenanalyse des semantischen Differentials beruht auf der Datenreduktion. "Die Daten, die man aus dem Meßvorgang mit einem ED erhält, lassen sich in einer dreidimensionalen Matrix darstellen; die drei Quellen der Varianz sind Vpn., Skalen und Konzepte" (DIEHL/SCHÄFER 1975, S. 157f). Die Zusammenstellung der Antonyme und die Entwicklung des Fragebogens geht auf GRÖBEN (1995a) zurück. Eine Liste mit Antonymen, die der Fachliteratur entstammen, wurde an drei Regelschulen in Erfurt mit 80 Schülern in einem Vorversuch getestet. Daraus entstand eine Primärliste. Sie wurde erneut mit 77 Schülern aus drei anderen Klassen überprüft.

Die Datenreduktion des SD durch eine Faktorenanalyse "...erbrachte eine 2-faktorielle Lösung (Kriterium: Eigen-Wert > 1 bei 64,8% aufgeklärter Varianz. Für das semantische Differential wurden die Variablen ausgewählt, die ein Verhältnis von Ladung : Kommunalität $\geq$ 1 aufweisen" (GRÖBEN 1995a, S. 79). Das semantische Differential faßten wir in vier Komplexvariablen entsprechend den Wortpaaren zusammen:

1. *"schwer"*

spannend - langweilig
riskant - harmlos
schwer - leicht.

2. *"Zustand"*

vergnügt - mißmutig
konzentriert - unkonzentriert
ruhig - nervös
unsicher - sicher
schwach - stark.

3. *"telische Dimension"* 4. *"autotelische Dimension"*

geglückt - mißglückt	angenehm - unangenehm
falsch - richtig	schön - scheußlich
perfekt - fehlerhaft	lahm - rasant
gelungen - mißlungen	lustig - langweilig
	verkrampft - locker
	herrlich - mies

Zum Einsatz der Fragebögen und zum Ablauf der schriftlichen Befragung: Vor Beginn eines Tests erhielten die Schüler den Fragebogen mit den Komplexvariablen "schwer" und "Zustand". Diese Liste mußte zuerst ausgefüllt werden. Im ersten Teil stand:

"Die Bewegung finde ich ..."

        sehr ziemlich mittel ziemlich sehr

spannend I---------I---------I---------I----------I *langweilig*

riskant I---------I---------I---------I----------I *harmlos*

schwer I---------I---------I---------I----------I *leicht.*

Die Antonyme der Komplexvariable "schwer" dokumentieren den individuellen Schwierigkeitsgrad der Übung. In jeder Zeile durften die Vpn. nur einen Wert ankreuzen. Als Komplexvariable "Zustand" sollte die aktuelle Einstellung dokumentiert werden, die sich für jeden Schüler vor Übungsbeginn zeigte. Es war zu entscheiden unter *"Ich fühle mich jetzt ..."* zwischen

        sehr ziemlich mittel ziemlich sehr

vergnügt I----------I--------I--------I---------I *mißmutig*

konzentriert I----------I--------I--------I---------I *unkonzentriert*

ruhig I----------I--------I--------I---------I *nervös*

unsicher   I----------I--------I--------I---------I   *sicher*
schwach   I----------I--------I--------I---------I   *stark.*

In der Entwicklung eines prozeßanthropologischen Modells des Bewegungshandelns verwies PROHL darauf, daß sich der Begriff "Bewegungsqualität" in einem "zweidimensionalen Feld" erstreckt, "dessen Ursprung in der Intentionalität liegt" (1991, S. 169ff). Da man eine Qualitätsempfindung nicht unmittelbar wahrnehmen kann, verwendet PROHL die Begriffe der telischen und autotelischen Qualitätsrelation. Die erste ist die "reflexive, zweck- und erfolgsbezogene Komponente" von Bewegungshandlungen, die zweite die der ästhetischen Wertempfindung (Gröben 1995a, S. 79). Nach der Übung mußten die Probanden unter folgenden Antonymen entscheiden:

"Meine Bewegung war ..."

  sehr ziemlich mittel ziemlich sehr
geglückt I---------I---------I---------I---------I *mißglückt*
falsch   I---------I---------I---------I---------I *richtig*
perfekt   I---------I---------I---------I---------I *fehlerhaft*
gelungen I---------I---------I---------I---------I *mißlungen.*

Diese antonymischen Adjektivpaare wurden in der Komplexvariable "telische Dimension" zusammengefaßt und berechnet. Als "autotelische Dimension" gelten:

  sehr ziemlich mittel ziemlich sehr
angenehm   I---------I---------I---------I---------I *unangenehm*
schön   I---------I---------I---------I---------I *scheußlich*
lahm   I---------I---------I---------I---------I *rasant*
lustig   I---------I---------I---------I---------I *langweilig*
verkrampft I---------I---------I---------I---------I *locker*
herrlich   I---------I---------I---------I---------I *mies*

Die vorliegenden Antworten sind in der Auswertung bei Vollständigkeit vergleichbar. Das Skalenniveau für die bipolaren Adjektive erstreckte sich über einen fünfteiligen Bewertungsumfang. Die Items waren bezüglich ihrer Häufigkeit der Nennung von GRÖBEN (1995a) randomisiert, die Anordnung der Polaritäten wechselte, damit sich die Probanden bei der Beantwortung in jeder Zeile neu orientieren mußten. Der Schüler hatte nun die Möglichkeit, den für ihn zutreffenden Bereich anzukreuzen. Die Bewertung erfolgte von 1 (positiv) bis 5 (negativ).

3.4.4 Verfahren der Datenauswertung

Die Auswertung der Daten der Bewegungsleistung, die durch die Befragung mit den semantischen Differentialen ermittelt wurden, erfolgt auf der Basis der Statistischen Datenanalyse mit SPSS für Windows/PC (vgl. BÜHL/ZÖFEL 1996³; JANSSEN/LAATZ 1994; HOFFMANN 1995). Dazu gehören auch Daten der Voruntersuchung. Die nachfolgende Abbildung zeigt in einer Übersicht die eingesetzten statistischen Verfahren und die gruppenspezifische Vorgehensweise in der Berechnung der Werte der Bewegungsleistung und für die semantischen Differentiale der Komplexvariablen "schwer", "Zustand" und die Daten der Bewegungsqualität "telische" und "autotelische Dimension".

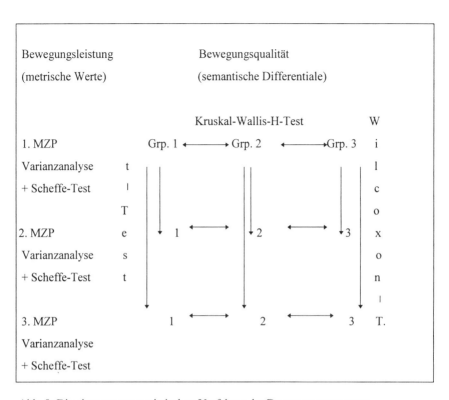

Abb. 8: Die eingesetzten statistischen Verfahren der Datenauswertung zur Bewegungsleistung und zur Bewegungsqualität im Design der Untersuchung

Die Auswahl der unterschiedlichen Intervalle für die Berechnung der erhobenen Daten wurde aus folgendem Grund gewählt: Im Zeitraum vom 1. zum 2. MZP (vier Wochen Übungszeit in den VG, siehe Abb. 7) wird die Wirkung der angewendeten Methoden (Ukemi, Gerätturnen) direkt geprüft. Danach erfolgt die statistische Prüfung über den gesamten Untersuchungszeitraum vom 1. zum 3. MZP, folglich unter Berücksichtigung des Einflusses der Wirkungsweise der unterschiedlichen Methoden und einer Übungspause[12] für die Versuchspersonen. Das Intervall der Untersuchungspause selbst, also der Zeitraum vom 2. zum 3. MZP, wird in den statistischen Berechnungen nicht berücksichtigt.

---

[12] Der reguläre Sportunterricht lief für die Vpn. weiter.

Daten der Bewegungsleistung wurden protokolliert, metrische Werte am Ort der Testdurchführung (Sporthalle der Schule) oder mit Hilfe der Videoanalyse am Institut für Sport- und Bewegungswissenschaften (PH Erfurt) gemessen. Die Daten der Bewegungsleistung werden mit folgenden statistischen Verfahren auf Gruppenunterschiede geprüft: Aus der Abbildung 8 geht hervor, daß die Gruppenunterschiede der Bewegungsleistung zu jedem MZP mit einer einfaktoriellen Varianzanalyse und dem Scheffe-Test geprüft werden. "Eine einfaktorielle Varianzanalyse überprüft die Auswirkungen einer mehrfach gestuften Variablen auf die abhängige Variable" (FLEISCHER 1988, S. 125). Im Fall der empirischen Untersuchung ist die unabhängige Variable Trainingsmethode dreifach gestuft (Ukemi, Turnen, KG mit freier Auswahl). Die abhängige Variable ist das am Ende der Tests dokumentierte Ergebnis. Der Scheffe-Test vergleicht und prüft die Mittelwertdifferenz zwischen den Gruppen auf Signifikanz.

Die Mittelwerte des Intervalls zwischen den Meßzeitpunkten werden mit dem t-Test auf Unterschiede geprüft, dazu gehören metrische Werte (Weite des ersten Stützkontaktes) im Sinne einer objektivierbaren Leistung (MARTIN/CARL/LEHNERTZ 1993[2]), wie bei der Hechtrolle über den Kasten und dem Handballfallwurf. Der t-Test überprüft die Signifikanz des Unterschiedes von Mittelwerten bei abhängigen (gepaarte) oder unabhängigen Stichproben. Die Benotung der Hocke über einen Doppelbock, als eine Form der normorientierten Leistung (GRUPE 1982), wird mit dem Kruskal-Wallis-H-Test auf Unterschiede der Gruppenmittelwerte geprüft, da die Noten nichtparametrische Werte sind.

Die semantischen Differentiale werden als ordinalskaliert betrachtet. Der Gruppenvergleich (in der Abbildung waagerecht dargestellt) innerhalb eines Meßzeitpunktes wird ebenfalls mit dem Kruskal-Wallis-H-Test für unabhängige Stichproben geprüft, da in den Stichproben keine Normalverteilung vorliegt. Dieser nichtparametrische Test ist eine einfaktorielle Varianzanalyse, der prüft, ob sich die Gruppenmittelwerte von drei oder mehr Gruppen unterscheiden oder nicht. Die Prüfung der Wirksamkeit der unabhängigen Variable Trainingsmethode vom 1. zum 2. MZP und vom 1. zum 3. MZP (in der Abbildung senkrecht gezeichnet) wird mit dem Wilcoxon-Test für abhängige Stichproben im gesamten Bereich und nach Gruppen differenziert berechnet und geprüft.

Um die Richtung und die Stärke des Zusammenhangs der Variablen der Bewegungsleistung und der Bewegungsqualität zu ermitteln, werden jeweils zwei Variablen (bivariat) korreliert.

Weitere Daten der Voruntersuchung (siehe Kapitel 4) und die Daten zur Untersuchung der Angst werden ebenfalls mit der Varianzanalyse berechnet. Die Daten und statistischen Erhebungen zu Sturzverletzungen, die die Vpn. in einer schriftlichen Befragung nannten, werden mit dem Chi-Quadrat-Test auf einen Zusammenhang beeinflussender Variablen (z.B. Frakturen u.a.) geprüft.

4. Ergebnisse der empirischen Untersuchung
4.1 Voruntersuchung

Im Abschnitt 3.3 ist darauf verwiesen, daß die Vpn. nicht randomisiert wurden. Die Vpn. waren in drei Unterrichtsgruppen zusammengefaßt, die auch zugleich die Untersuchungsgruppen darstellen. Es mußte daher am Anfang in einer Voruntersuchung überprüft werden, ob diese Gruppen hinsichtlich wichtiger Einflußfaktoren vergleichbar und für die empirische Untersuchung geeignet sind oder ob sie in entscheidenden Kriterien signifikante Differenzen aufweisen. Bezüglich ihrer Verteilung in den drei Gruppen werden folgende, als bedeutsam angenommene Einflußfaktoren überprüft:
- die Körpergröße der Vpn.,
- koordinative Fähigkeiten,
- Sturzerlebnisse und Verletzungen,
- Sturzangst und sportbezogenen Angst.

In den Tests spielt die Körpergröße als intervenierende Variable eine Rolle. Mit der Körpergröße ist die Länge der Extremitäten verbunden. Diese beeinflussen die Reichweite der Hände und damit die Stützweite bei Fallbewegungen. Bei allen Tests ist das ein die Leistung beeinflussender Faktor. Durch die Öffnung der Körperwinkel (Arm-

Rumpf-Winkel, Hüftwinkel) und die Möglichkeit, die Hände im Stütz weit nach vorn zu bringen, wird die Leistung bei turnerischen Übungen (Bock- und Kastensprung) beeinflußt. Die Körpergröße der Schüler hat Einfluß auf ihre Beweglichkeit und die räumliche Orientierung. Die Bewegungssteuerung, Gewandtheit und Geschicklichkeit sind ebenfalls in Abhängigkeit zur Körpergröße zu sehen. Das gilt, wie schon angedeutet, vor allem bei turnerischen Übungen und in den Spielsportarten. Ob im Gruppenvergleich in bezug auf die koordinativen Fähigkeiten entscheidende Unterschiede bestehen, die die Meßergebnisse beeinflussen, muß in den Vorversuchen ebenfalls überprüft werden.

Da es sich um Untersuchungen zum Fallen handelt, die Bewegungen mit einem Sturzrisiko enthalten, müssen vorangegangene Sturzerlebnisse und Verletzungen der Vpn. bekannt sein. Es war anzunehmen, daß sich diese auf die Ausübung und Befragung zu den Testübungen auswirken konnten. Die Übungen enthalten Elemente, die ein Sturzrisiko oder das Fallen-Können in sich bergen. Die daraus resultierende spezifische Sturzangst und sportbezogene Angst (BAUMANN 1993) wird im Vergleich der Gruppen ebenfalls erfragt und ausgewertet.

4.1.1 Die Körpergröße der Versuchspersonen

Auf die große "Variationsbreite" in den Körpergrößen der Schüler von 9. Klassen wies schon MEINEL (1971^4, S. 317) hin. Deshalb wurden alle an der Untersuchung beteiligten Schüler gemessen. Die Vpn. wiesen vom kleinsten bis zum größten Schüler eine Differenz von 30 cm auf. Die Ergebnisse der Vermessung sind aus der Tabelle 4 ersichtlich.

Tab. 4: Variationsweite der Körpergröße

Gruppe	Vpn. n	kleinster Schüler	größter Schüler	Mittelwert $\bar{x}$
1/Ukemi	23	164 cm	186 cm	175 cm
2/Turnen	23	165 cm	193 cm	176 cm
3/KG	28	162 cm	186 cm	174 cm

Die Mittelwerte der Körpergröße der Gruppen 1 - 3 werden auf Unterschiede geprüft. Eine Varianzanalyse ergab keinen signifikanten Unterschied (p = ,7656/F = ,2682/D.F. = 2). Die Abb. 9 zeigt den Vergleich der Gruppenmittelwerte der Körpergröße.

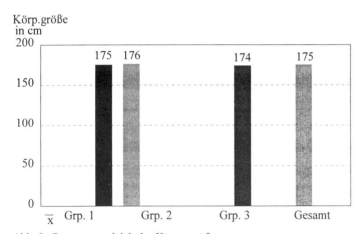

Abb. 9: Gruppenvergleich der Körpergröße

4.1.2 Ergebnisse im Kasten-Bumerang-Lauf

Der Kasten-Bumerang-Lauf (TÖPEL 1972) wurde ausgewählt, um zu testen, ob sich die Stichproben der Gruppen 1 - 3 in ihren koordinativen Fähigkeiten unterscheiden. Dieser Test ist dahingehend konzipiert, den Entwicklungsstand der koordinativen Fähigkeiten, besonders der Gewandtheit und der räumlichen Orientierung, zu beurteilen.

Die Versuchspersonen handeln bei der Überwindung der Hindernisse unter Zeitdruck. Daher ist das Anforderungsprofil des Kasten-Bumerang-Laufs sehr komplex. Sein Gültigkeitsbereich wurde von TÖPEL (1972) für den Altersbereich von 6 - 18 Jahren festgelegt. Entsprechend dem Untersuchungsplan wurden in allen Gruppen der neunten Klassen die Parcours normgerecht aufgebaut. Die Schüler hatten einen Probeversuch, danach wurde die Zeit für den Wertungsdurchgang protokolliert. Die Gruppenmittelwerte der erreichten Zeiten sind aus der Tabelle 5 ersichtlich.

Tab. 5: Ergebnisse des Kasten-Bumerang-Laufs

Gruppe	Vpn. n	benötigte Zeit $\overline{x}$
1/Ukemi	22	16,4 s
2/Turnen	23	17,5 s
3/KG	26	17,4 s
Gesamt	71	17,1 s

Gruppenunterschiede der Mittelwerte wurden mit einer einfaktoriellen Varianzanalyse geprüft. Die neunten Klassen wiesen im vorliegenden Fall in ihren motorischen Fähigkeiten keinen signifikanten Unterschied auf (p = ,1761/F = 1,7816/D.F. = 2). Die Stichproben waren aus dieser Sicht zum Test geeignet und vergleichbar.

4.1.3 Ergebnis des Bilder-Angst-Tests

Wie bereits erörtert wurde, kann es einen Zusammenhang zwischen dem Stürzen und der Angst bei Schülern geben (vgl. 2.3). Die Versuchspersonen hatten in ihrer körperlichen und sportlichen Entwicklung individuelle Erfahrungen mit Stürzen gemacht. In einem nächsten Schritt soll die allgemeine sportbezogene Angst untersucht werden. Man kann diesen Aspekt mit dem Bilder-Angst-Test von BÖS/MECHLING (1985) klären. Im Bilder-Angst-Test werden Situationen des Sporttreibens bildlich dargestellt.

Die subjektiv eingeschätzte Angst vor ähnlichen Situationen sollen die Probanden ankreuzen. Auf diese Antworten werden dann Punkte vom Versuchsleiter vergeben. Der Bilder-Angst-Test wurde von BÖS/MECHLING (1985) an einer sehr großen Stichprobe getestet, die Skalenabstände sind genormt und das Skalenniveau ist metrisch. Allen Vpn. wurde das Material zur Beantwortung vorgelegt, die Mittelwerte der Gruppen werden mit einer einfaktoriellen Varianzanalyse (mit Scheffe-Test) geprüft. Die durch den Scheffe-Test angezeigten signifikanten Unterschiede der Gruppenmittelwerte werden in den nachfolgenden Tabellen mit dem Symbol * und einem Pfeil in Richtung der jeweiligen Gruppe gekennzeichnet, die sich signifikant auf dem 0,05-Niveau unterscheiden.

Tab. 6: Ergebnisse des Bilder-Angst-Test (BAT)

Gruppe	Zahl der Vpn. n	BAT $\bar{x}$	
1/Ukemi	22	22,6	D.F. = 2
2/Turnen	23	27,1* ↓	F = 3,677
3/KG	29	20,2	p = ,0303
Gesamt	74	23,1	

Im Vergleich der Gruppenmittelwerte findet man einen signifikanten Unterschied, der durch den Scheffe-Test zwischen der Turn- und der Kontrollgruppe angezeigt und in der Tabelle 6 gekennzeichnet ist. Die von BÖS/MECHLING (1985) ausgewählten und auf den Bildern dargestellten Situationen boten den Schülern Spielraum für Interpretationen. Die Gruppe 2 war in der Abwägung der Antworten wesentlich zurückhaltender als die beiden anderen Gruppen. Daraus können die Unterschiede resultieren.

4.1.4 Sturzerlebnisse und Verletzungen

Die Jungen der neunten Klassen sollten ihre durch Stürze erlittenen Verletzungen während des Schul- und Breitensports benennen. Dabei wurde keine Differenzierung bzw. Lokalisierung der Körperbereiche vorgenommen. Die Schüler konnten z.B. Knochenbrüche, die sie im Bereich der Arme, des Rumpfes oder der Beine erlitten hatten, unter einer Kategorie (Frakturen) angeben. In der schriftlichen Befragung schrieben die Vpn. ihre Verletzungen auf. Aus den Angaben ließ sich ein ungefähres Bild über die bis zum Zeitpunkt der empirischen Untersuchung erlittenen Unfallerlebnisse ablesen. Aus dem Schadensbild der Sturzverletzungen von allen drei Gruppen können hypothetische Ableitungen zur Einstellung der Schüler zu den Testaufgaben und auch zur Fehlerbetrachtung in der Auswertung der Meßzeitpunkte getroffen werden. Traumatisch erlebte Sturzunfälle könnten einige Schüler zu einer weitaus vorsichtigeren Herangehensweise an die Testaufgaben veranlaßt haben. Die folgenden Abbildungen zeigen ein differenziertes Bild des Verletzungsgeschehens der Vpn. der Gruppen.

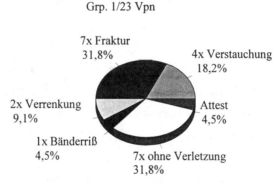

Abb. 10: Sturzverletzungen der Vpn. der Ukemi-Gruppe

In der Ukemi-Gruppe fällt der relativ hohe Anteil an Frakturen auf. Das Kontingent der Schüler ohne bisher erlebte Sturzverletzungen im Sport war in der Gruppe 1 am geringsten. Das zeigt ein Vergleich zu den anderen Gruppen.

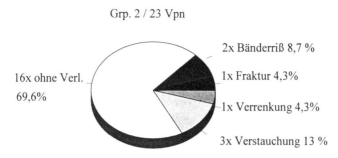

Abb. 11: Sturzverletzungen der Vpn. der Turngruppe

Aus der Abbildung 11 geht hervor, daß die Turngruppe im Vergleich zu den anderen Stichproben den geringsten "Verschleiß" durch Verletzungen hatte. Deutlich geringer als in den anderen Gruppen war in ihr der Anteil der Probanden, die eine Fraktur angaben.

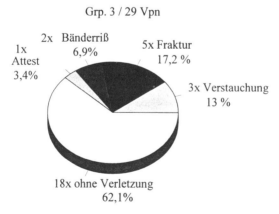

Abb. 12: Sturzverletzungen der Vpn. der Kontrollgruppe

Die Abbildung 12 zeigt, daß auch bei der Kontrollgruppe der Anteil der Schüler ohne Sturzschäden relativ groß gegenüber der Ukemi-Gruppe war. Allerdings sieht man in der Abbildung 12 auch, daß die Zahl der Frakturen nach Sturzunfällen gegenüber der

Gruppe 2 größer ist. Ermittelt man die Sturzverletzungen für die gesamte Stichprobe, ergibt sich folgendes Bild:

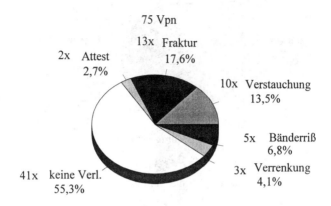

Abb. 13: Sturzverletzungen der gesamten Stichprobe

Geht man davon aus, daß etwa 42% der Vpn. bereits relativ schwere Sportunfälle erlebt hatten, kann man diesen Aspekt als eine ungünstige Ausgangsbedingung für die empirische Untersuchung ansehen. Um zu prüfen, ob es einen signifikanten Unterschied in den Arten der Sturzverletzungen gibt, wird eine Kreuztabelle (vgl. BÜHL/ZÖFEL 1996³) und der Chi-Quadrat-Test für die gesamte Stichprobe eingesetzt. "Der Chi-Quadrat-Test kann sehr breit angewendet werden, da er als Meßniveau lediglich Nominalskalenniveau voraussetzt. Außerdem macht er keine Voraussetzungen hinsichtlich der Verteilung der Werte in der Grundgesamtheit" (JANSSEN/LAATZ 1994, S. 218).

Tab. 7: Werte des Chi-Quadr.-Tests der Verletzungsarten für alle Gruppen

Gruppe	Fraktur n	Bänderriß n	Verrenkung n	Verstauchung n	Attest n
1/Ukemi	7	1	2	4	1
2/Turnen	1	2	1	3	1
3/KG	5	2	1	3	2
ohne/andere Verletzung	62	70	71	65	71
Gesamt	75	75	75	75	75
Pearson Chi-Square	5,462	,3533	,7633	,5535	,228
D.F.	2	2	2	2	2
Sign. p =	,0651	,8380	,6827	,7582	,8918

Der Chi-Quadrat-Test zeigt nur im Bereich der Werte für Frakturen einen Einfluß (p = ,0651) im Trendbereich an. Das kann als Indikator dafür angesehen werden, daß diese Verletzungsart gegenüber den anderen Verletzungen ein intervenierender Faktor ist. Eine Fraktur stellt für einen Schüler ein traumatisches Ereignis dar, das auf seine Entwicklungs- und Bewegungskarriere einen nachteiligen Einfluß haben kann. Es können bei schwierigen Übungen in Erinnerung an die Fraktur negative emotionale Begleitprozesse wie Angst entstehen, da im Moment des Sturzes die "Kontrollkompetenz" (HACKFORT 1986, S. 75) verlorengegangen war. Die Anzahl der Versuchspersonen, die eine Fraktur erlitten hatten, war gerade in der Ukemi-Gruppe größer als in den anderen Gruppen. Das kann sowohl in der Testdurchführung der Untersuchung als auch in der weiteren sportlichen Betätigung Auswirkungen auf Übungen mit einem Sturzrisiko haben. Die anderen Sturzfaktoren (Bänderriß, Verrenkung, Verstauchung) ergaben keinen Zusammenhang zwischen den beobachteten Variablen.

4.1.5 Befragung zur Angst vor Stürzen

Welche Rolle die spezielle Angst vor einem Sturz im Sport in den Erfahrungen der Schüler spielte, sollte durch eine Befragung in der Voruntersuchung herausgearbeitet werden. Jeder Schüler beantwortete die Frage:
"Hast Du Angst vor dem Stürzen im Sport? (Zutreffendes bitte einkreisen)"

```
            sehr  ziemlich  mittel  ziemlich  sehr
   ja   I-----------I-----------I-----------I-----------I  nein/nicht
```

Die Ratingskala war fünfstufig ausgelegt. Hatte beispielsweise ein Schüler die Frage mit "ja/ziemlich" angekreuzt, wurde der Wert 4 fixiert, für "nicht sehr" der Wert 1. Das Skalenniveau der Variablen ist ordinalskaliert und es liegt keine Normalverteilung vor. Daher werden die Gruppenmittelwerte auf Unterschiede mit dem nichtparametrischen Kruskal-Wallis-H-Test geprüft.

Tab. 8: Kruskal-Wallis-H-Test zum Vergleich der Gruppenmittelwerte der Angst vor Stürzen (Voruntersuchung)

	1. MZP		
Gruppe	Vpn. n	Rangplätze $\bar{x}$	$\bar{x}$
1/Ukemi	23	32,70	2,21
2/Turnen	22	36,82	2,36
3/KG	27	39,48	2,48
$\bar{x}$			2,36
D.F.	2		
Chi-Square	1,53		
Sign.	p = ,4652		

Die Prüfung der Gruppenmittelwerte ergibt keinen signifikanten Unterschied. Die Einstellung zur Angst vor Stürzen liegt bei den Gruppen zum 1. Meßzeitpunkt auf einem annähernd gleichen Niveau.

Mit dem Chi-Quadrat-Test wird geprüft, ob entsprechend der empirischen Verteilung zwei mit einer Stichprobe erhobenen Variablen voneinander abhängig sind oder nicht. Der Zusammenhang zwischen den Variablen "Sturzangst" und "Verletzungen nach einem Sturz" (Gesamtheit der Schüler, die z.B. eine Fraktur als Folge einer Sturzverletzung nannten), wird neben den anderen Verletzungsarten mit dem Chi-Quadrat-Test geprüft.

Tab. 9: Zusammenhang zwischen den Variablen Sturzangst und Fraktur

Gruppe	Vpn. n
1/Ukemi	22
2/Turnen	23
3/KG	27
Gesamt	72
Pearson Chi-Square	10,722
D.F.	6
Sign.	p = ,0973

Der Chi-Quadrat-Test zeigt, daß es nur einen Zusammenhang der Mittelwerte der Varianzen zwischen der Variable "Sturzangst" und der Variable "Fraktur" im Trendbereich (p = ,0973) gibt. Damit wird deutlich, daß die im Abschnitt 4.1.4 dargelegten unterschiedlichen Verletzungs- und Sturzerlebnisse der Versuchspersonen im Gruppenvergleich einen Einfluß auf die Untersuchungen zum Fallen hatten.

Insgesamt kann zu den Tests der Voruntersuchung festgestellt werden, daß die Datenanalyse der Voruntersuchung in einigen Teilkomplexen annähernd gleiche Voraussetzungen der Gruppen zeigten. Diese Ergebnisse belegen, daß die Gesamtstichprobe hinsichtlich ihrer Bewegungsvoraussetzungen homogen ist und somit der Einfluß auf die Bewegungsaufgaben der nachfolgenden empirischen Untersuchung in allen drei Gruppen als gleich groß angenommen werden konnte. Die Befragungen zu den Komplexen "Verletzungen", "Sturzangst" und zum Bilder-Angst-Test ergaben Unterschiede. Auf den negativen Einfluß der Verletzungsart "Frakturen" und einen Zusammenhang zu den Antworten der Schüler in den oben genannten Komplexen muß hingewiesen werden. Es ist anzunehmen, daß diese Ergebnisse der Voruntersuchung ein Hinweis für die zurückhaltende Einstellung einiger Versuchspersonen gegenüber schwierigen Bewegungsaufgaben mit Sturzrisiko sind.

4.2 Ergebnisse in der Testaufgabe Hocke über einen Doppelbock

Die Versuchspersonen sollten eine Hocke über einen 1,10 m hohen Doppelbock springen. Diese Testaufgabe entspricht in Thüringen den Lehrplananforderungen im Sportunterricht. In der Charakterisierung der Bewegung nach Funktionsphasen (GÖHNER 1979), kann man bei der Hocke über den Doppelbock die Anlauf-, Absprung- und erste Flugphase unterscheiden. Danach folgen die Stütz-, Hock- und zweite Flugphase mit abschließender Landung. Der Anlauf konnte in den durchgeführten Tests individuell gestaltet werden. Es mußte ein beidbeiniger Absprung vom Brett erfolgen. Eine sichere Landung auf den Matten hinter dem Doppelbock beendete diese Turnübung. Touchiert man bei der Hocke mit den Füßen den Doppelbock, oder gelingen andere Funktionsphasen der Hocke nicht, kann es zu einem Sturz kommen.

4.2.1 Die Bewegungsleistung

4.2.1.1 Vergleich der Mittelwerte der Bewegungsleistung

Im Gerätturnen wird die Leistung der Turner in einem Wettkampf von Kampfrichtern bewertet. Allerdings verfügen sie im Unterschied zum Schulsport über ein kompliziertes System mit einer zehnstelligen Skala. Für den Schulsportunterricht ist das ungünstig. Wir wählten eine fünfstellige Skala. Damit näherten wir uns der schulüblichen Zensierung an. Die Note 6 wurde nicht verwendet. Die gesamte Turnübung Hocke über einen Doppelbock wurde von drei Sportlehrern unabhängig voneinander und direkt vor Ort benotet. Aus diesen drei Noten wurde für jeden Versuch eines jeden Schülers das arithmetische Mittel gebildet und aus beiden Versuchen der Notenmittelwert für den entsprechenden Meßzeitpunkt errechnet. Die Variable "Note" repräsentiert bei dieser Testübung die Bewertung der Bewegungsleistung nach einer "vorher fixierten Punktetabelle" (MARTIN/CARL/LEHNERTZ 1993[2] S. 24). Die Mittelwerte der Bewegungsleistung der Gruppen werden nun auf Unterschiede geprüft. BÜHL/ZÖFEL weisen darauf hin, daß man beim Vergleich von Mittelwerten voraussetzt, "daß diese aus Stichproben mit normalverteilten Werten stammen". Wenn keine Normalverteilung vorliegt, "benutzt man zum Stichprobenvergleich einen nichtparametrischen Test" (1996[3], S. 253).

Die Bewegungsleistung "Note" ist keine metrische Variable. Im vorliegenden Stichprobenumfang der Noten der Gruppen liegt keine Normalverteilung vor, deshalb wird mit einem nichtparametrischen Test, dem Kruskal-Wallis-H-Test, weiter geprüft, ob sich die Gruppenmittelwerte unterscheiden.

Tab. 10: Kruskal-Wallis-H-Test zwischen den Gruppen zur Bewegungsleistung "Note" bei der Hocke über einen Doppelbock

	1. MZP Note			2. MZP Note			3. MZP Note		
Gruppe	Vpn. n	Note $\overline{x}$	Rang-plätze	Vpn. n	Note $\overline{x}$	Rang-plätze	Vpn. n	Note $\overline{x}$	Rang-plätze
1/Ukemi	22	3,14	31,16	20	2,67	28,33	22	2,94	36,32
2/Turnen	23	3,75	40,63	21	3,23	37,83	21	3,07	36,74
3/KG	25	3,33	34,60	26	3,08	35,27	27	2,80	33,87
$\overline{x}$ Noten	3,41			3,00			2,93		
D.F.	2			2			2		
Chi-Square	2,58			2,63			,288		
Sign.	p = ,2752			p = ,2672			p = ,8657		

Der statistische Vergleich der Mittelwerte der Gruppen mit dem H-Test nach Kruskal und Wallis zeigt bei der Bewegungsleistung "Note" zu allen drei Meßzeitpunkten keine signifikanten Unterschiede, die Gruppen sind statistisch gleich.

4.2.1.2 Vergleich der Mittelwerte der Bewegungsleistung über die Meßzeitpunkte

Um herauszufinden, ob es im Zeitraum vom 1. zum 2. Meßzeitpunkt und über den Gesamtzeitraum der Untersuchung (1. bis 3. MZP) Veränderungen gibt, muß weiter geprüft werden. Entsprechend dem in der Abbildung 8 dargestellten Plan der eingesetzten statistischen Verfahren für die Datenauswertung im Design der Untersuchung wurde nun der Wilcoxon-Test herangezogen. "Dies ist der übliche Test zum nichtparametrischen Vergleich zweier abhängiger Stichproben. Er basiert auf einer Rangreihe der absoluten Wertepaardifferenzen" (BÜHL/ZÖFEL 1996³, S. 276). Übertragen auf die empirische Untersuchung zum Fallen wird er nach folgendem Schema verwendet:

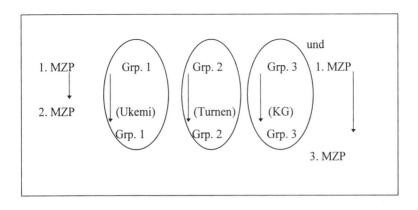

Abb. 14: Schema zum Wilcoxon-Test

Es wird nun geprüft, ob sich die Mittelwerte der Bewegungsleistung "Note" bei der Hocke über einen Doppelbock vom 1. zum 2. Meßzeitpunkt unterscheiden. Dabei wird in der empirischen Untersuchung ein zweiseitiges ("2-tailed") Signifikanzniveau angenommen da sowohl eine Verbesserung, als auch eine Verschlechterung der Ergebnisse möglich ist.

Tab. 11: Wilcoxon-Test vom 1. zum 2. MZP für die Werte der Bewegungsleistung "Note" bei der Hocke über einen Doppelbock

	Vpn n	Note $\bar{x}$	Rangplätze	Sign. (2-tailed)
Ukemi-Gruppe				
1. MZP	22	3,14	9,27	
2. MZP	20	2,67	6,80	p = ,0787
Turngruppe				
1. MZP	23	3,75	4,50	
2. MZP	21	3,23	,00	p = ,0117
Kontrollgruppe				
1. MZP	25	3,33	6,81	
2. MZP	26	3,08	5,88	p = ,2240

Der Unterschied der Mittelwerte verändert sich bei der Kontrollgruppe nicht. Bei der Ukemi-Gruppe erreicht er Trendniveau. Der Unterschied der Mittelwerte der Bewegungsleistung "Note" verbessert sich bei der Turngruppe signifikant. Welche Veränderungen über den Gesamtzeitraum vom 1. zum 3. Meßzeitpunkt erreicht werden, wird anschließend geprüft.

Tab. 12: Wilcoxon-Test vom 1. zum 3. MZP für die Werte der Bewegungsleistung "Note" bei der Hocke über einen Doppelbock

	Vpn n	Note $\bar{x}$	Rangplätze	Sign. (2-tailed)
Ukemi-Gruppe				
1. MZP	22	3,14	9,81	
3. MZP	22	2,94	11,79	p = ,4009
Turngruppe				
1. MZP	23	3,75	9,50	
3. MZP	21	3,07	4,17	p = ,0041
Kontrollgruppe				
1. MZP	25	3,33	12,54	
3. MZP	27	2,80	8,50	p = ,0987

Die Ukemi-Gruppe erreicht über den Gesamtzeitraum der Untersuchung keine Verbesserung der Bewegungsleistung. Der Unterschied der Mittelwerte bei der Kontrollgruppe liegt auf Trendniveau, bei der Turngruppe ist er hochsignifikant. Die folgende Graphik veranschaulicht die Entwicklung der Bewegungsleistung "Note" im Vergleich der Gruppen.

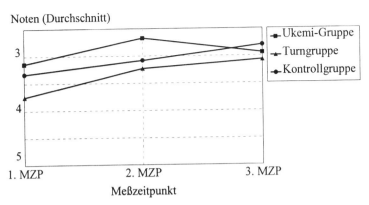

Abb. 15: Die Benotung der Hocke über einen Doppelbock im Gruppenvergleich

Die Prüfung der Unterschiede der Mittelwerte hat gezeigt, daß diese zu allen drei Meßzeitpunkten statistisch gleich sind. Die Prüfung der Unterschiede der Mittelwerte mit dem Wilcoxon-Test und der Verlauf der Kurve der Turngruppe weist darauf hin, daß sich die Schüler dieser Gruppe gegenüber den anderen im Verlauf der Untersuchung bei der Benotung der Hocke deutlich verbessern konnten. Die Ausbildung der Schüler der Versuchsgruppe 1 mit Ukemi hatte keinen Einfluß auf die Verbesserung der Bewegungsleistung bei der Hocke über einen Doppelbock.

4.2.2 Die Bewegungsqualität
4.2.2.1 Vergleich der Mittelwerte der Gruppen zum 1. MZP

Die semantischen Differentiale (SD) 1 bis 3 sind in der Komplexvariable "schwer" zusammengefaßt. Sie charakterisieren, wie die Versuchspersonen die Schwierigkeit der Übung reflektieren. Die SD 4 bis 8 wurden als "Zustand" bezeichnet. Hier wird die Einstellung, die aktuelle Befindlichkeit in bezug auf die Übung festgehalten. Das SD 9, 10, 13 u. 15 wurden als "telisch" und das SD 11, 12, 14, 16, 17 u. 18 als "autotelisch" dokumentiert. Vor allem in den beiden letzten Komplexvariablen werden Veränderungen hinsichtlich des Bewegungsempfindens und der Bewegungsqualität untersucht. Die durch die Vpn. beantworteten Fragebögen (siehe Abschnitt 3.4.3) zur

Hocke über einen Doppelbock werden entsprechend der Berechnungsverfahren (siehe 3.4.4) ausgewertet. Mit dem Kruskal-Wallis-H-Test werden die Mittelwerte der Gruppen in den Komplexvariablen auf Unterschiede geprüft.

Tab. 13: Kruskal-Wallis-H-Test bei der Hocke über einen Doppelbock zum 1. MZP

Gruppe	Vpn. n	"schwer" Rangplätze $\bar{x}$	$\bar{x}$	"Zustand" Rangplätze $\bar{x}$	$\bar{x}$	"telisch" Rangplätze $\bar{x}$	$\bar{x}$	"autotelisch" Rangplätze $\bar{x}$	$\bar{x}$
1/Ukemi	22	31,16	3,24	30,48	2,75	27,23	2,50	28,45	2,55
2/Turnen	23	39,17	3,39	41,35	3,27	40,65	3,39	41,11	3,23
3/KG	25	35,94	3,30	34,54	2,99	38,04	3,24	36,54	2,95
$\bar{x}$			3,31		3,01		3,05		2,91
D.F.		2		2		2		2	
Chi-Square		1,84		3,31		5,55		4,47	
Sign.		p = ,3978		p = ,1903		p = ,0621		p = ,1070	

Zum 1. Meßzeitpunkt sind die Gruppen bei den Komplexvariablen "schwer", "Zustand" und "autotelisch" statistisch gleich. Die Hocke über den 1,10 m hohen Doppelbock wird von allen Gruppen als gleich schwierig angesehen, dementsprechend ist die Einstellung der Schüler zur Testaufgabe Hocke ebenfalls gleich. In der "telischen" Komplexvariable gibt es einen Unterschied der Mittelwerte der Gruppen im Trendbereich.

4.2.2.2 Vergleich der Mittelwerte der Gruppen zum 2. MZP

Entsprechend dem Untersuchungsplan sollen die Mittelwerte der Gruppen nach einem festgelegten Zeitraum, in dem die Versuchsgruppen ihr vorgesehenes Übungsprogramm (Ukemi, Turnen) absolvierten, auf Unterschiede geprüft werden. Die Komplexvariablen der semantischen Differentiale sind ordinalskaliert, in dem Datensatz liegt zum 2. Meßzeitpunkt keine Normalverteilung vor. Will man die Mittelwerte mehrerer Gruppen bei Nichtnormalverteilung der Werte miteinander vergleichen, muß man wieder den H-Test nach Kruskal und Wallis einsetzen (vgl. BÜHL/ZÖFEL 1996[3]). "Der Kruskal-Wallis-H-Test ist eine einfaktorielle Varianzanalyse für Rangziffern. Voraussetzung für den Test ist, daß die Variable mindestens ordinalskaliert ist" (JANSSEN/LAATZ 1994, S. 435). Die Mittelwerte der Gruppen aus den Komplexvariablen der semantischen Differentiale werden nun zum 2. Meßzeitpunkt geprüft, ob sie sich unterscheiden oder nicht.

Tab. 14: Kruskal-Wallis-H-Test bei der Hocke über einen Doppelbock zum 2. MZP

		"schwer"		"Zustand"		"telisch"		"autotelisch"	
Gruppe	Vpn. n	Rangplätze $\bar{x}$	$\bar{x}$	Rangplätze $\bar{x}$	$\bar{x}$	Rangplätze $\bar{x}$	$\bar{x}$	Rangplätze $\bar{x}$	$\bar{x}$
1/Ukemi	20	23,63	2,56	26,95	2,29	27,60	2,01	29,05	2,21
2/Turnen	21	34,60	2,92	35,52	2,70	35,00	2,70	33,93	2,57
3/KG	26	41,50	3,20	38,19	2,76	38,12	2,71	37,87	2,73
$\bar{x}$			2,92		2,60		2,50		2,53
D.F.		2		2		2		2	
Chi-Square		9,75		3,97		3,42		2,32	
Sign.		p = ,0076		p = ,1369		p = ,1807		p = ,3127	

Der Unterschied der Mittelwerte zwischen den Gruppen ist bei der Komplexvariable "schwer" hochsignifikant. Die Schwierigkeit der Übung Hocke wird von den Schülern der Gruppen unterschiedlich eingeschätzt. Die Mittelwerte der anderen Komplexvariablen sind statistisch gleich.

Um zu prüfen, ob die eingesetzten Übungsmethoden im Sportunterricht bei der Testaufgabe wirksam sind, wird nach einer gewissen Zeitspanne die Wiederholungsuntersuchung (2. MZP) durchgeführt. Mit einem nichtparametrischen Test für abhängige Stichproben kann man prüfen, welche Veränderungen sich in den Komplexvariablen der semantischen Differentiale ergeben.

Tab. 15: Der Wilcoxon-Test vom 1. zum 2. MZP für die Komplexvariablen "schwer" und "Zustand" bei der Testübung Hocke über einen Doppelbock

	Vpn	"schwer"			"Zustand"		
	n	$\bar{x}$	Mean Ranks	Sign. (2-tailed)	$\bar{x}$	Mean Ranks	Sign. (2-tailed)
Ukemi-Gruppe							
1. MZP ↓	22	3,24	10,07		2,75	9,88	
2. MZP	20	2,56	6,67	p = ,0043	2,29	10,25	p = ,1776
Turngruppe							
1. MZP ↓	23	3,39	8,77		3,27	11,56	
2. MZP	21	2,92	10,75	p = ,0092	2,70	9,20	p = ,0157
Kontrollgr.							
1. MZP ↓	25	3,30	9,00		2,99	9,73	
2. MZP	26	3,20	9,00	p = ,2868	2,76	10,58	p = ,2049

Die Unterschiede der Mittelwerte der Kontrollgruppe bleiben bei den Komplexvariablen "schwer" und "Zustand" vom 1. zum 2. Meßzeitpunkt gleich. Bei der Ukemi-Gruppe ist nur der Unterschied der Mittelwerte bei der Variable "schwer" hochsignifikant, die Schüler stufen die Übung zum 2. MZP als nicht mehr so schwierig ein.

Deutliche Verbesserungen der Mittelwerte erreicht die Turngruppe. Der Unterschied der Mittelwerte der Variable "schwer" ist hochsignifikant, bei der Variable "Zustand" signifikant. In der Turngruppe wird die Hocke als nicht mehr so schwierig wie am Anfang empfunden, folglich verbessert sich durch den Übungseffekt auch die Einstellung der Schüler zur Übung.

Ob der Einfluß der eingesetzten Übungsmethoden die Bewegungsqualität verändert, wird nun untersucht. Die Mittelwerte der Komplexvariablen "telisch" und "autotelisch" werden ebenfalls mit dem Wilcoxon-Test geprüft.

Tab. 16: Der Wilcoxon-Test vom 1. zum 2. MZP für die Komplexvariablen "telisch" und "autotelisch" bei der Testübung Hocke über einen Doppelbock

	Vpn	"telisch"			"autotelisch"		
	n	$\bar{x}$	Mean Ranks	Sign. (2-tailed)	$\bar{x}$	Mean Ranks	Sign. (2-tailed)
Ukemi-Gruppe							
1. MZP ↓	22	2,50	9,08		2,55	10,63	
2. MZP	20	2,01	8,80	p = ,1239	2,21	8,50	p = ,1075
Turngruppe							
1. MZP ↓	23	3,39	8,83		3,23	6,75	
2. MZP	21	2,70	7,50	p = ,0494	2,57	10,88	p = ,0500
Kontrollgr.							
1. MZP ↓	25	3,24	12,04		2,95	11,75	
2. MZP	26	2,71	8,93	p = ,0655	2,73	11,36	p = ,2914

Die Unterschiede der Mittelwerte der Ukemi-Gruppe verändern sich nicht. Die Übungsmethode der Ukemi hat keinen Einfluß auf die Verbesserung der Bewegungsqualität bei der Hocke über einen Doppelbock. Die Mittelwertunterschiede der Turngruppe verändern sich signifikant. Die intensive Ausbildung dieser Schüler im Turnen zeigt zum 2. Meßzeitpunkt positive Effekte. Die Kontrollgruppe erreicht nur in der Variable "telisch" eine Verbesserung, der Unterschied der Mittelwerte beträgt Trendniveau.

4.2.2.3 Vergleich der Mittelwerte der Gruppen zum 3. MZP

Im Zeitraum vom 2. zum 3. Meßzeitpunkt fand entsprechend dem Untersuchungsplan keine spezielle Ausbildung in den Gruppen statt. Nach diesem Zeitraum wurde zum Abschluß der Untersuchung wieder mit einem nichtparametrischen Test für unabhängige Stichproben geprüft, ob sich die Gruppen unterscheiden oder nicht.

Tab. 17: Kruskal-Wallis-H-Test bei der Hocke über einen Doppelbock zum 3. MZP

Gruppe	Vpn. n	"schwer" Rangplätze $\bar{x}$	$\bar{x}$	"Zustand" Rangplätze $\bar{x}$	$\bar{x}$	"telisch" Rangplätze $\bar{x}$	$\bar{x}$	"autotelisch" Rangplätze $\bar{x}$	$\bar{x}$
1/Ukemi	22	27,41	2,51	28,41	2,22	26,23	1,96	24,91	1,96
2/Turnen	21	42,50	3,03	43,38	2,83	39,74	2,92	39,21	2,73
3/KG	27	36,65	2,86	35,15	2,42	39,76	2,87	41,24	2,82
$\bar{x}$			2,80		2,48		2,60		2,52
D.F.		2		2		2		2	
Chi-Square		6,28		5,86		6,76		8,84	
Sign.		p = ,0431		p = ,0532		p = ,0340		p = ,0120	

Der Tabelle 17 kann man entnehmen, daß sich die Mittelwerte der Gruppen bei den Variablen "schwer", "telisch" und "autotelisch" signifikant und bei der Variable "Zustand" auf Trendniveau unterscheiden.

Mit dem Wilcoxon-Test werden die Mittelwerte der Gruppen der Komplexvariablen zwischen dem 1. und 3. Meßzeitpunkt auf Unterschiede geruft. Damit soll herausgefunden werden, welchen Einfluß die eingesetzten Übungsmethoden auf das Absolvieren der Hocke über einen Doppelbock über den Gesamtzeitraum der empirischen Untersuchung haben

Tab. 18: Der Wilcoxon-Test vom 1. zum 3. MZP für die Komplexvariablen "schwer" und "Zustand" bei der Testübung Hocke über einen Doppelbock

	Vpn	"schwer"			"Zustand"		
	n	$\bar{x}$	Mean Ranks	Sign. (2-tailed)	$\bar{x}$	Mean Ranks	Sign. (2-tailed)
Ukemi-Gruppe							
1. MZP ↓	22	3,24	11,22		2,75	11,46	
3. MZP	22	2,51	4,00	p = ,0003	2,22	4,40	p = ,0057
Turngruppe							
1. MZP ↓	23	3,39	8,12		3,27	9,44	
3. MZP	21	3,03	10,17	p = ,0525	2,83	13,00	p = ,0242
Kontrollgr.							
1. MZP ↓	25	3,30	11,21		2,99	12,00	
3. MZP	27	2,86	9,00	p = ,0007	2,42	6,50	p = ,0002

Die Unterschiede der Mittelwerte vom 1. zum 3. Meßzeitpunkt in der Ukemi- und Kontrollgruppe sind hochsignifikant bei den Komplexvariablen "schwer" und "Zustand".

Die Mittelwertunterschiede der Turngruppe haben bei der Variable "schwer" Trendniveau, bei der Variable "Zustand" ist der Unterschied signifikant. Die beiden nachfolgenden Graphiken zeigen den Vergleich zwischen den Gruppen und den Verlauf vom 1. bis 3. MZP innerhalb einer Gruppe für die Komplexvariablen "schwer" und "Zustand".

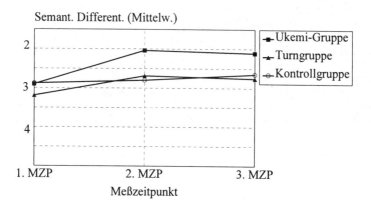

Abb. 16: Gruppenvergleich der Mittelwerte der Komplexvariable "schwer" bei der Hocke über einen Doppelbock

Mit zunehmender Übungsdauer wurde die Hocke über einen Doppelbock von den Schülern in den drei Gruppen als nicht mehr so schwierig wie zum 1. Meßzeitpunkt empfunden, die Mittelwerte verbesserten sich. Dabei sind die Unterschiede der Mittelwerte zwischen den Gruppen zum 2. Meßzeitpunkt hochsignifikant, zum 3. Meßzeitpunkt signifikant. Entsprechend verbesserte sich vor allem bei der Turngruppe die Einstellung zur Hocke. Die Unterschiede der Mittelwerte sind nur bei der Turngruppe vom 1. zum 2. MZP signifikant. Über den Gesamtzeitraum der Untersuchung verbesserte sich in allen Gruppen die Einstellung zur Hocke über einen Doppelbock

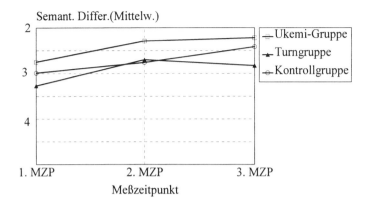

Abb. 17: Gruppenvergleich der Mittelwerte der Komplexvariable "Zustand" bei der Hocke über einen Doppelbock

Anschließend werden die Variablen der Bewegungsqualität auf Unterschiede der Mittelwerte vom 1. zum 3. Meßzeitpunkt geprüft.

Tab. 19: Der Wilcoxon-Test vom 1. zum 3. MZP für die Komplexvariablen "telisch" und "autotelisch" bei der Testübung Hocke über einen Doppelbock

	Vpn	"telisch"			"autotelisch"		
	n	$\bar{x}$	Mean Ranks	Sign. (2-tailed)	$\bar{x}$	Mean Ranks	Sign. (2-tailed)
Ukemi-Gruppe							
1. MZP ↓	22	2,50	11,58		2,55	7,88	
3. MZP	22	1,96	6,58	p = ,0255	1,96	11,16	p = ,0061
Turngruppe							
1. MZP ↓	23	3,39	7,38		3,23	7,67	
3. MZP	21	2,92	4,75	p = ,1167	2,73	10,42	p = ,0854
Kontrollgr.							
1. MZP ↓	25	3,24	9,90		2,95	7,69	
3. MZP	27	2,87	6,17	p = ,1089	2,82	10,17	p = ,4777

Die Werte der Kontrollgruppe bleiben statistisch gleich. Die Unterschiede der Mittelwerte ändern sich bei der Ukemi-Gruppe über den Zeitraum vom 1. zum 3. MZP bei der Komplexvariable "telisch" signifikant (p = ,0255) und hochsignifikant (p = ,0061) bei "autotelisch". In der Turngruppe gibt es nur bei der Komplexvariable "autotelisch" eine Veränderung der Mittelwertunterschiede auf Trendniveau (p = ,0854). Die folgende Graphik veranschaulicht das Ergebnis der Mittelwertvergleiche.

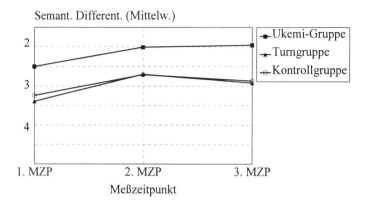

Abb. 18: Gruppenvergleich der Mittelwerte der Komplexvariable "telisch" bei der Hocke über einen Doppelbock

Eine deutliche Verbesserung der Mittelwerte der Bewegungsqualität vom 1. zum 2. Meßzeitpunkt erreichte nur die Turngruppe. Der Unterschied der Mittelwerte vom 1. zum 2. MZP ist signifikant in den Komplexvariablen "telisch" und "autotelisch". Man kann davon ausgehen, daß die Übungsmethoden in der Turngruppe erfolgreich für die Verbesserung des Bewegungsgefühls bzw. der Bewegungsqualität der Schüler waren.

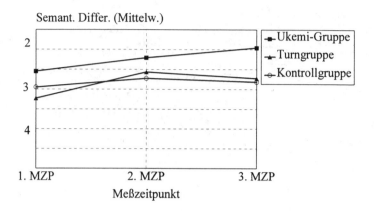

Abb. 19: Gruppenvergleich der Mittelwerte der Komplexvariable "autotelisch" bei der Hocke über einen Doppelbock

In der Ukemi-Gruppe gelingt es erst nach einem längeren Zeitraum, die Bewegungsqualität zu verbessern. Dieses Ergebnis ist schwierig zu interpretieren. Für den Zeitraum vom 1. zum 2. Meßzeitpunkt kann man davon ausgehen, daß die Übungsmethode Ukemi keine Verbesserung des Bewegungsgefühls für die Absolvierung der Turnübung Hocke brachte.

4.2.2.4 Korrelation der Variablen der Bewegungsleistung und der Bewegungsqualität bei der Hocke über einen Doppelbock

Die bivariate Korrelationsrechnung ermittelt die Stärke des Zusammenhangs zwischen zwei Variablen. Bei der Berechnung werden Wertepaare gebildet, die sich aus den vorliegenden abhängigen Variablen der Stichproben zusammensetzen. Für die Testübung Hocke über einen Doppelbock werden die Variablen der Bewegungsleistung ("Note") und die Variablen der Bewegungsqualität ("telisch", "autotelisch") für jeden Meßzeitpunkt korreliert. Damit soll geprüft werden, ob Schüler, die eine "gute" Bewegungsleistung erreichten, auch ein "gutes" Bewegungsgefühl bzw. eine "gute" Bewegungsqualität konstatieren. "Wie der Korrelationskoeffizient berechnet wird, hängt vom Skalenniveau der betreffenden Variablen ab" (BÜHL/ZÖFEL 1996[3], S. 298). Es wird darauf hingewiesen, daß man bei ordinalskalierten oder nicht normalverteilten Variablen die Rangkorrelation (r) nach Spearman berechnet. "Zur verbalen Beschreibung der Größe des Betrags des Korrelationskoeffizienten sind folgende Abstufungen üblich:

Wert	Interpretation
bis 0,2	sehr geringe Korrelation
bis 0,5	geringe Korrelation
bis 0,7	mittlere Korrelation
bis 0,9	hohe Korrelation
über 0,9	sehr hohe Korrelation" (Ebenda, S. 298).

Tab. 20: Bivariate Korrelation mit dem Spearmanschen Rangkorrelationskoeffizienten r für Variablen der Hocke über einen Doppelbock

Korrelation der Variablen	1. MZP	2. MZP	3. MZP
telisch autotelisch	N = 70 r = ,8917 p = ,000	N = 67 r = ,8964 p = ,000	N = 70 r = ,9252 p = ,000
telisch Bewegungsleistung	N = 70 r = ,8464 p = ,000	N = 67 r = ,8208 p = ,000	N = 70 r = ,7706 p = ,000
autotelisch Bewegungsleistung	N = 70 r = ,7275 p = ,000	N = 67 r = ,7984 p = ,000	N = 70 r = ,6946 p = ,000

Die Variablen der Bewegungsqualität "telisch" und "autotelisch" korrelieren zu allen drei Meßzeitpunkten in einem hohen bis sehr hohen Zusammenhang. Die Ergebnisse der Berechnung des Korrelationskoeffizienten sind hochsignifikant. Ein mittlerer bis hoher Zusammenhang liegt zwischen den Variablen der Bewegungsleistung und den Variablen der Bewegungsqualität vor. Damit bestätigt sich, daß Versuchspersonen mit einer "guten Note" auch ein "gutes Bewegungsgefühl" hatten.

Das kann auch ein Hinweis auf das komplexe Beziehungsgefüge des Bewegungshandelns sein, daß von PROHL (1990) diskutiert wurde, und hier kurz aufgegriffen wird. PROHL sagt, "(...), daß die telische und autotelische Qualitätsrelation (potentiell) in jeder Bewegungshandlung präsent sind: die gelungene, beglückende Bewegungshandlung resultiert aus der situationsadäquaten Synthese von telischer und autotelischer Bewegungsqualität" (1990, S. 130). Aspekte der Außensicht (Bewertung), Ergebnis ("Note") und Folgen der Bewegungshandlung sind damit im Zusammenhang zu sehen. Der hohe Korrelationskoeffizient im Verhältnis der Variablen bei der empirischen Untersuchung unterstreicht diese Aussagen.

4.3 Ergebnisse in der Testaufgabe Handballfallwurf

Aus den Messungen zum Fallen ist bekannt, daß bei verschiedenen Spielsportarten die auf den Spieler wirkenden Falltechniken eine große Kraft erzeugen. Sportler, die das Fallen beherrschen, können diese Kraft schmerzfrei abfangen. Um herauszufinden, wie Schüler, die man mit unterschiedlichsten Übungsmethoden unterrichtet, auf diese Aufgabe reagieren, wie sich die Bewegungsleistung und das Bewegungsgefühl entwickeln, wurde der Handballfallwurf als Testaufgabe gewählt. Hier ist außerdem das Fallen eine direkte und in der sportlichen Technik wirkende Größe. In der Untersuchung sollte herausgefunden werden, welchen Einfluß das Fallen-Können auf das Erlernen dieser Handballtechnik hat. Die Funktionsphasen beginnen nach dem Stand mit einer Ausholphase, die den Wurf einleitet. Daran gekoppelt ist eine Flug- bzw. Fallphase, in die eine Abwurfphase integriert ist. Beendet wird der Handballfallwurf mit der Stütz- bzw. Landephase. Gerade diese unterscheidet sich in ihrer räumlich-zeitlichen Gestaltung, wenn man Könner (auch im Sinne des Fallen-Könnens) und Anfänger differenzieren will. Beim Handballfallwurf muß sich der Werfer geschmeidig abfangen. Oft hat er dabei nur eine Hand zur Verfügung, da mit der anderen Hand der Ball geworfen wird. Bei Anfängern kann man beobachten, daß sie mehr Aufmerksamkeit auf eine schmerzfreie Landung legen und den Fall frühzeitig mit einem Knie oder der Hand abstützen. Mitunter wird die Genauigkeit des Wurfes vernachlässigt, um sich auf den Fall zu konzentrieren und Schmerzen zu vermeiden.

Bei einem Schüler, der einen Handballfallwurf (aus dem Stand) ausführen will, würde die Einnahme einer günstigen Wurfposition, die gedankliche Konzeption (Konzentration) und das Ablaufen der Bewegung vor dem "geistigen Auge" (Innensicht) die "Weite" des intentionalen Handlungsentwurfs darstellen (GRÖBEN 1995b). Anschließend müssen die einzelnen Phasen der Handlung strukturiert und dynamisch miteinander verkoppelt werden, damit entsteht nach GRÖBEN (1995b) eine "intermodale Kombination". Das Bewegungsgefühl wird durch die "Weise des strukturierten Erlebens" wahrgenommen (a.a.O., S. 142).

An dem Erfurter Gymnasium, wo die empirische Untersuchung stattfand, wird überwiegend Fuß-, Volley- und Basketball gespielt, dafür kein Handball unterrichtet. Das ist als ein Vorteil für die Durchführung der Untersuchungen anzusehen, da die große Mehrzahl der Versuchspersonen keine spezielle Vorausbildung aufwies, also fast gleiche Bedingungen in der Population anzutreffen waren. Der Handballfallwurf wurde für die Schüler aus dem Stand vom 7-m-Punkt aus durchgeführt. Als Ziel lag ein Medizinball auf der Torlinie am linken Pfosten. Diesen Medizinball galt es zu treffen. Jeder Schüler hatte zu den Tests zwei Würfe.

4.3.1 Die Bewegungsleistung
4.3.1.1 Vergleich der Mittelwerte der Gruppen

Bei der Bewegungsleistung des Handballfallwurfs stehen zwei Kriterien im Mittelpunkt der Untersuchung. Vom Charakter des Spiels ausgehend, ist der erfolgreiche Wurf mit Torabschluß (Treffer) von primärer Bedeutung. Aus der Sichtweise des Erlernens von Ukemi und dem Transfer (LEIST 1979) des Bewegungslernens auf den Handballfallwurf ist wiederum der Prozeß des Fallen-Könnens aufschlußreich. Dieser Aspekt soll zuerst untersucht werden.

Der Handballfallwurf zeichnet sich auch dadurch aus, daß der Werfer seine Aufmerksamkeit (HEILEMANN/MÜLLER 1993) während des Fallens auf das Ziel richtet, um sich dann gekonnt abzufangen. Bei dieser Intention versuchen versierte Spieler soweit wie möglich in den Kreis hineinzufallen. Damit verringert man den Abstand zum Ziel und erhöht die Trefferchancen. Bei ungeübten Schülern wird dieser weite "Hecht" gern umgangen oder die Schüler stützen sich vorzeitig ab. Um herauszufinden, ob es durch die Ukemi eine Verlagerung der Aufmerksamkeit, weg von der eigenen Befindlichkeit, hin zur Anforderung Fallwurf, d.h. weiter Fall in den Kreis und Treffen des Ziels gab, wurde der erste Bodenkontakt gemessen. Als Null-Punkt wurde die 7-Meter-Linie genommen. An der Stelle, wo die Schüler das erste Mal Bodenberührung hatten, wurde der Kontaktpunkt protokolliert. Das Kriterium "Kontakt" wurde nach den Videoaufzeichnungen in der Bildauswertung vermessen und danach berechnet. Die statistische Prüfung der Unterschiede der Gruppenmittelwerte in den Meßzeitpunkten für die Bewegungsleistung "Kontakt" beim Handballfallwurf wird mit der Varianzanalyse durchgeführt. Mit der Varianzanalyse können mehrere Mittelwerte zugleich auf Unterschiede geprüft werden. Der in der Varianzanalyse als "a- posteriori-Test" angeschlossene Scheffe-Test prüft und kennzeichnet, zwischen welchen Mittelwerten der Gruppen "signifikante Unterschiede auf dem 0,05-Niveau" bestehen (BÜHL/ZÖFEL 1996^3, S. 264). In den Tabellen wird mit dem Symbol des Sternchens (*) und einem Pfeil der Unterschied zwischen den betreffenden Gruppen gekennzeichnet. JANSSEN/LAATZ (1994, S. 316) weisen darauf hin, daß der Scheffe-Test strenger als andere Tests prüft und für ungleich große Gruppen exakte Werte liefert.

Tab. 21: Gruppenvergleich der Bewegungsleistung "Kontakt" beim Handballfallwurf mit der Varianzanalyse

	1. MZP		2. MZP		3. MZP	
Gruppe	$\bar{x}$ in cm	Vpn. n	$\bar{x}$ in cm	Vpn. n	$\bar{x}$ in cm	Vpn. n
1/Ukemi	113,1	21	140,9 *	20	107,3	21
2/Turnen	99,2	23	75,6	22	86,2	23
3/Kontr.G	111,2	27	108,7 * *	26	98,4	26
Gesamt $\bar{x}$	107,9	71	107,5	68	97,1	70
D.F.	2		2		2	
F	,88		22,90		2,20	
Sign.	p = ,4185		p = ,0000		p = ,1183	

Der statistische Vergleich der Mittelwerte der Gruppen zeigt bei der Bewegungsleistung "Kontakt" zum 1. Meßzeitpunkt keinen Unterschied. Zum 2. Meßzeitpunkt ist der Unterschied der Mittelwerte hochsignifikant. Der Scheffe-Test zeigt zwischen der Kontroll- und der Ukemi-Gruppe und zwischen diesen beiden Gruppen zur Turngruppe hochsignifikante Unterschiede. Zum 3. Meßzeitpunkt sind die Gruppen wieder statistisch gleich. Die nachfolgende Graphik stellt die erreichte Bewegungsleistung der Gruppen dar.

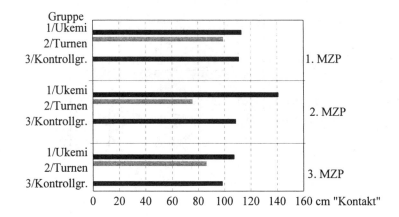

Abb. 20: Gruppenvergleich 1. Bodenkontakt beim Handballfallwurf

4.3.1.2 Vergleich der Mittelwerte der Gruppen über die Meßzeitpunkte

Bei den Daten der Bewegungsleistung "Kontakt" handelt es sich um intervallskalierte Werte. Welche Veränderungen es in den Gruppen zwischen den verschiedenen Meßzeitpunkten gibt, wird mit dem t-Test für abhängige Stichproben geprüft. Dabei werden Schüler die gefehlt haben, als Wertepaare vom 1. zum 2. Meßzeitpunkt nicht berücksichtigt. Das äußert sich in der veränderten Zahl n an Wertepaaren gegenüber der Gesamtzahl der jeweiligen Gruppe und damit auch einem veränderten Mittelwert der Bewegungsleistung.

Tab. 22: t-Test für abhängige Stichproben vom 1. zum 2. MZP beim Handballfallwurf für die Bewegungsleistung "Kontakt"

	Wertepaare n	$\bar{x}$ in cm	SD	Sign. (2-tailed)
Ukemi-Gruppe				
1. MZP		111,4	46,78	
2. MZP	20	140,9	30,36	p = ,001
Turngruppe				
1. MZP		99,5	30,15	
2. MZP	22	75,6	32,54	p = ,000
Kontrollgr.				
1. MZP		110,3	39,39	
2. MZP	25	109,0	31,38	p = ,882

Die Werte der Kontrollgruppe bleiben vom 1. zum 2. Meßzeitpunkt statistisch gleich. Die Mittelwerte der Turngruppe verschlechtern sich, der Unterschied vom 1. zum 2. MZP ist hochsignifikant. In der Ukemi-Gruppe verbessern sich die Unterschiede der Mittelwerte der Bewegungsleistung "Kontakt" hochsignifikant. Das läßt die Schlußfolgerung zu, daß sich durch den Einfluß der Übungsmethode Ukemi die Bewegungsleistung beim Handballfallwurf vom 1. zum 2. Meßzeitpunkt verbesserte. Ob sich die Bewegungsleistung "Stützweite" vom 1. zum 3. Meßzeitpunkt verbessert, wird nun geprüft.

Tab. 23: t-Test für abhängige Stichproben vom 1. zum 3. MZP beim Handballfallwurf für die Bewegungsleistung "Kontakt"

	Wertepaare n	$\bar{x}$ in cm	SD	Sign. (2-tailed)
Ukemi-Gruppe 1. MZP ↓ 3. MZP	21	113,1 107,3	46,31 35,82	p = ,618
Turngruppe 1. MZP ↓ 3. MZP	23	99,2 86,2	29,49 30,23	p = ,061
Kontrollgr. 1. MZP ↓ 3. MZP	25	109,2 97,3	35,42 34,65	p = ,230

Die Turngruppe verschlechtert sich, der Unterschied der Mittelwerte liegt auf Trendniveau. Die Unterschiede der Mittelwerte der Ukemi- und der Kontrollgruppe bleiben statistisch gleich. Über den Zeitraum vom 1. zum 3. Meßzeitpunkt ist keine Verbesserung der Bewegungsleistung eingetreten.

Die Voruntersuchungen hatten gezeigt, daß die Stichproben keinen statistischen Unterschied bei den Mittelwerten der Körpergröße aufwiesen (vgl. Abschnitt 4.1.1). Ob aber ein Zusammenhang zwischen den Variablen Körpergröße und "Kontakt" besteht, wird mit der bivariaten Korrelation nach Pearson geprüft. "Der Korrelationskoeffizient nach Pearson setzt eine metrische Skala beider Variablen voraus und mißt Richtung und Stärke des linearen Zusammenhangs der Variablen" (JANSSEN/LAATZ 1994, S. 349).

Tab. 24: Bivariate Korrelation mit dem Pearsonschen Rangkorrelationskoeffizienten r für Variablen des Handballfallwurfs

Korrelation der Variablen	1. MZP	2. MZP	3. MZP
Körpergröße "Kontakt"	N = 71 r = -,196 p = ,101	N = 68 r = -,242 p = ,047	N = 70 r = ,027 p = ,822

Zum 1. MZP gibt es keinen statistischen Zusammenhang. Zum 2. MZP besteht ein negativer und schwacher Zusammenhang, der signifikant ist. Das weist darauf hin, daß größere Schüler in der Bewegungsleistung "Kontakt" keine größeren Werte erreichten. Der Wert des Pearsonschen Korrelationskoeffizienten r liegt zum 3. MZP nahe Null. Die beiden Variablen stehen in keinem statistischen Zusammenhang.

4.3.1.3 Vergleich der erreichten Treffer

Ein weiterer Aspekt der Bewegungsleistung beim Handballfallwurf ist die Trefferquote. Die nachfolgende Tabelle 25 dokumentiert, wieviel Treffer in den Gruppen beim Abwurf vom 7-m-Punkt auf das Ziel (3-kg-Medizinball auf der Torlinie) erreicht wurden.

Tab. 25: Erreichte Treffer der Gruppen beim Handballfallwurf

Gruppe	1. MZP	2. MZP	3. MZP
1/Ukemi	5	14	20
2/Turnen	13	1	3
3/Kontrollgr.	9	6	8

Die Tabelle 25 zeigt eine Verbesserung der Anzahl der Treffer für die Ukemi-Gruppe über den gesamten Untersuchungszeitraum. Die Turngruppe erreicht zum 1. MZP eine hohe Zahl an Treffern, kann aber dieses Niveau nicht halten. Die Kontrollgruppe hat nur geringfügige Schwankungen bei den Treffern. Statistisch soll geprüft werden, welcher Zusammenhang zwischen den Variablen "Gruppe" und "Treffer" bestehen. Zusammenhänge zwischen den zwei Variablen kann man in Form einer Kreuztabelle und dazu mit dem Chi-Quadrat-Test (nach Pearson) überprüfen (vgl. BÜHL/ZÖFEL 1996). Der Chi-Quadrat-Test setzt als Meßniveau lediglich Nominalskalenniveau voraus. "Außerdem macht er keine Voraussetzungen hinsichtlich der Verteilung der Werte in der Grundgesamtheit. In diesem Sinne handelt es sich um einen verteilungsfreien oder nichtparametrischen Test" (JANSSEN/LAATZ 1994, S. 218).

Tab. 26: Ergebnisse der Kreuztabellierung und des Chi-Quadrat-Tests zum Zusammenhang der Variablen "Treffer" und "Gruppe" beim Handballfallwurf im 1.MZP

Treffer pro Vpn.	Ukemi-Grp.	Turngrp.	Kontr.Grp.	Chi-Square (nach Pearson)
0	16	10	19	N = 71
1	5	13	7	Value = 8,22
2	-	-	1	DF = 4
				p = ,0837

Zum 1. Meßzeitpunkt besteht zwischen den Gruppen bei den erzielten Treffern im Handball ein Unterschied mit Trendniveau.

Tab. 27: Ergebnisse der Kreuztabellierung und des Chi-Quadrat-Tests zum Zusammenhang der Variablen "Treffer" und "Gruppe" beim Handballfallwurf im 2. MZP

Treffer pro Vpn.	Ukemi-Grp.	Turngrp.	Kontr.Grp.	Chi-Square (nach Pearson)
0	10	21	20	N = 68
1	6	1	6	Value = 13,20
2	4	-	-	DF = 4
				p = ,0102

Im 2. Meßzeitpunkt gibt es bei der Trefferquote einen signifikanten Unterschied zwischen den Gruppen.

Tab. 28: Ergebnisse der Kreuztabellierung und des ChiQuadrat-Tests zum Zusammenhang der Variablen "Treffer" und "Gruppe" beim Handballfallwurf im 3. MZP

Treffer pro Vpn.	Ukemi-Grp.	Turngrp.	Kontr.Grp.	Chi-Square (nach Pearson)
0	6	20	19	N = 70
1	10	3	6	Value = 16,43
2	5	-	1	DF = 4
				p = ,0024

Zum 3. Meßzeitpunkt zeigt sich (nach Pearson) ein hochsignifikanter Chi-Quadrat-Wert. Das weist auf einen entsprechend hochsignifikanten Unterschied zwischen den Gruppen bei der erreichten Trefferzahl hin. Der Unterschied dokumentiert sich in der erreichten Trefferzahl der Ukemi-Gruppe gegenüber den beiden anderen Gruppen.

Die statistische Prüfung der Ergebnisse der Bewegungsleistung beim Handballfallwurf zeigt, daß sich die Schüler der Ukemi-Gruppe durch die eingesetzte Übungsmethode in ihren Leistungen vor allem vom 1. zum 2. Meßzeitpunkt steigern konnten. Es gelang ihnen, sich weiter in den Kreis zu hechten, dem Ziel (Medizinball auf der Torlinie) dadurch näher zu kommen und mehr Treffer zu erzielen.

4.3.2 Die Bewegungsqualität
4.3.2.1 Vergleich der Mittelwerte der Gruppen zum 1. MZP

Für die Darstellung der Bewegungsqualität beim Handballfallwurf werden, wie in der vorangegangenen Datenerhebung (Hocke über einen Doppelbock), die gleichen Verfahren eingesetzt. Zuerst werden die Mittelwerte der semantischen Differentiale in den

Komplexvariablen mit dem Kruskal-Wallis-H-Test auf Unterschiede zwischen den Gruppen geprüft.

Tab. 29: Kruskal-Wallis-H-Test beim Handballfallwurf zum 1. MZP

Gruppe	Vpn. n	"schwer"		"Zustand"		"telisch"		"autotelisch"	
		Rangplätze $\overline{x}$	$\overline{x}$	Rangplätze $\overline{x}$	$\overline{x}$	Rangplätze $\overline{x}$	$\overline{x}$	Rangplätze $\overline{x}$	$\overline{x}$
1/Ukemi	21	33,81	3,00	30,05	2,71	40,24	3,34	38,69	3,13
2/Turnen	23	40,11	3,14	45,28	3,10	40,07	3,33	37,24	3,03
3/KG	27	34,20	3,02	32,72	2,73	29,24	2,90	32,85	2,97
$\overline{x}$			3,05		2,84		3,17		3,04
D.F.		2		2		2		2	
Chi-Square		1,42		7,18		4,72		1,08	
Sign.		p = ,4902		p = ,0275		p = ,0942		p = ,5826	

Die Schwierigkeit des Handballfallwurfs wird von allen Versuchspersonen zum 1. Meßzeitpunkt in gleicher Weise empfunden. Hier macht sich bemerkbar, daß es sich um eine sportliche Technik handelt, die bis zum Test nie geübt worden war. Allerdings unterscheiden sich die Gruppen in ihrer Haltung zur Übung. Der Unterschied der Mittelwerte ist zum 1. Meßzeitpunkt signifikant. In der Komplexvariable der Bewegungsqualität "telisch" zeigen sich Unterschiede. Im 1. Meßzeitpunkt gibt es einen Unterschied der Gruppenmittelwerte auf Trendniveau. In der Komplexvariable "autotelisch" sind die Gruppen statistisch gleich.

4.3.2.2 Vergleich der Mittelwerte der Gruppen zum 2. MZP

Wie auch bei der Hocke über einen Doppelbock wird beim Handballfallwurf weiter der Kruskal-Wallis-H-Test eingesetzt, um die Mittelwerte der Komplexvariablen im Vergleich der Gruppen auf Unterschiede zu prüfen.

Tab. 30: Kruskal-Wallis-H-Test beim Handballfallwurf zum 2. MZP

Gruppe	Vpn. n	"schwer" Rang-plätze $\overline{x}$	$\overline{x}$	"Zustand" Rang-plätze $\overline{x}$	$\overline{x}$	"telisch" Rang-plätze $\overline{x}$	$\overline{x}$	"autotelisch" Rang-plätze $\overline{x}$	$\overline{x}$
1/Ukemi	20	37,85	2,91	38,08	2,75	22,92	2,46	23,80	2,55
2/Turnen	22	32,39	2,86	39,00	2,81	42,86	3,37	42,50	3,24
3/KG	26	33,71	2,83	27,94	2,44	36,33	3,08	35,96	3,07
$\overline{\overline{x}}$			2,86		2,65		2,99		2,97
D.F.		2		2		2		2	
Chi-Square		,92		4,70		11,18		9,68	
Sign.		p = ,6305		p = ,0953		p = ,0037		p = ,0079	

In der Komplexvariable "schwer" sind die Gruppen statistisch gleich. Die Tabelle 30 zeigt, daß in der Komplexvariable "Zustand" ein Unterschied der Mittelwerte der Gruppen im Trendbereich vorliegt. Bei den Komplexvariablen der Bewegungsqualität ist der Unterschied der Mittelwerte hochsignifikant. Mit dem Wilcoxon-Test wird geprüft, ob sich die Gruppenmittelwerte vom 1. zum 2. Meßzeitpunkt verändern

Tab. 31: Wilcoxon-Test vom 1. zum 2. MZP für die Komplexvariablen "schwer" und "Zustand" beim Handballfallwurf

	Vpn	"schwer"			"Zustand"		
	n	$\bar{x}$	Mean Ranks	Sign. (2-tailed)	$\bar{x}$	Mean Ranks	Sign. (2-tailed)
Ukemi-Gruppe							
1. MZP ↓	21	3,00	8,44		2,71	9,88	
2. MZP	20	2,91	7,50	p = ,6701	2,75	10,09	p = ,5197
Turngruppe							
1. MZP ↓	23	3,14	10,04		3,10	10,00	
2. MZP	22	2,86	6,50	p = ,0373	2,81	10,00	p = ,1590
Kontrollgruppe							
1. MZP ↓	27	3,02	9,86		2,73	11,57	
2. MZP	26	2,83	7,75	p = ,1556	2,44	9,58	p = ,0438

In der Turngruppe verändern sich die Unterschiede der Mittelwerte der Komplexvariable "schwer" signifikant. In der Kontrollgruppe ist eine signifikante Verbesserung der Unterschiede der Mittelwerte der Komplexvariable "Zustand" eingetreten. Alle anderen Werte bleiben statistisch gleich.

Tab. 32: Wilcoxon-Test vom 1. zum 2. MZP für die Komplexvariablen "telisch" und "autotelisch" beim Handballfallwurf

	Vpn	"telisch"			"autotelisch"		
	n	$\bar{x}$	Mean Ranks	Sign. (2-tailed)	$\bar{x}$	Mean Ranks	Sign. (2-tailed)
Ukemi-Gruppe							
1. MZP ↓	21	3,34	11,28		3,13	8,00	
2. MZP	20	2,46	7,38	p = ,0048	2,55	10,38	p = ,0043
Turngruppe							
1. MZP ↓	23	3,33	8,80		3,03	12,42	
2. MZP	22	3,37	11,33	p = ,7782	3,24	10,17	p = ,2558
Kontrollgruppe							
1. MZP ↓	27	2,90	8,50		2,97	13,58	
2. MZP	26	3,08	13,27	p = ,2891	3,07	11,42	p = ,7103

Während in der Turn- und Kontrollgruppe die Unterschiede der Mittelwerte der Bewegungsqualität vom 1. zum 2. Meßzeitpunkt statistisch gleich bleiben, gibt es bei der Ukemi-Gruppe Verbesserungen. Die Unterschiede der Mittelwerte sind hochsignifikant. Das läßt die Schlußfolgerung zu, daß sich im Vergleich zu den Schülern der anderen Gruppen hier ein positives Bewegungsgefühl einstellte. Durch die Ukemi hatte sich ein "sportbereichsübergreifendes Lernen" (LEIST 1993, S. 339) im Sinne eines Transfereffektes eingestellt. Wie sich diese Effekte über den gesamten Zeitraum auswirken, wird anschließend untersucht.

4.3.2.3 Vergleich der Mittelwerte der Gruppen zum 3. MZP

Zum Ende der Untersuchung beim Handballfallwurf werden die Mittelwerte der Gruppen mit dem Kruskal-Wallis-H-Test auf Unterschiede geprüft.

Tab. 33: Kruskal-Wallis-H-Test beim Handballfallwurf zum 3. MZP

Gruppe	Vpn. n	"schwer" Rangplätze $\overline{x}$	$\overline{x}$	"Zustand" Rangplätze $\overline{x}$	$\overline{x}$	"telisch" Rangplätze $\overline{x}$	$\overline{x}$	"autotelisch" Rangplätze $\overline{x}$	$\overline{x}$
1/Ukemi	21	28,10	2,39	28,88	2,27	21,40	1,96	19,62	1,88
2/Turnen	23	38,22	2,75	38,24	2,48	40,76	2,85	40,48	2,82
3/KG	26	39,08	2,75	38,42	2,56	42,23	2,98	43,92	3,03
$\overline{x}$			2,64		2,45		2,63		2,62
D.F.		2		2		2		2	
Chi-Square		4,13		3,20		14,63		18,72	
Sign.		p = ,1263		p = ,2010		p = ,0007		p = ,0001	

Die Gruppen unterscheiden sich zum 3. Meßzeitpunkt nur in den Werten der Variablen der Bewegungsqualität "telisch" und "autotelisch". Die Unterschiede der Mittelwerte sind hochsignifikant. Mit dem Wilcoxon-Test werden nun die Mittelwerte auf Unterschiede im Gesamtzeitraum der Untersuchung überprüft.

Tab. 34: Wilcoxon-Test vom 1. zum 3. MZP für die Komplexvariablen "schwer" und "Zustand" bei der Testübung Handballfallwurf

	Vpn	"schwer"			"Zustand"		
	n	$\bar{x}$	Mean Ranks	Sign. (2-tailed)	$\bar{x}$	Mean Ranks	Sign. (2-tailed)
Ukemi-Gruppe							
1. MZP	21	3,00	10,44		2,71	10,25	
3. MZP	21	2,39	7,67	p = ,0038	2,27	11,50	p = ,0276
Turngruppe							
1. MZP	23	3,14	10,32		3,10	13,53	
3. MZP	23	2,75	11,50	p = ,0085	2,48	6,08	p = ,0035
Kontrollgruppe							
1. MZP	27	3,02	12,18		2,73	12,57	
3. MZP	26	2,75	11,50	p = ,0358	2,56	11,11	p = ,2478

Über den gesamten Untersuchungszeitraum erreichen die Ukemi- und die Turngruppe in den Unterschieden der Mittelwerte der Komplexvariable "schwer" Verbesserungen, die hochsignifikant und bei der Kontrollgruppe signifikant sind. Bei der Variable "Zustand" bleiben die Unterschiede der Mittelwerte der Kontrollgruppe statistisch gleich, die Unterschiede in der Ukemi-Gruppe sind signifikant, in der Turngruppe hochsignifikant.

Die nachfolgenden Graphiken 21 und 22 stellen den Kurvenverlauf für die Gruppenmittelwerte der Komplexvariable "schwer" und "Zustand" im Gruppenvergleich dar. Die Schüler empfanden die Testübung Handballfallwurf zum 1. und 2. Meßzeitpunkt als gleich schwierig. Zum 3. MZP ergibt sich ein Unterschied der Mittelwerte im Trendbereich, die Ukemi-Gruppe schätzt die Übung etwas leichter ein als die beiden anderen Gruppen.

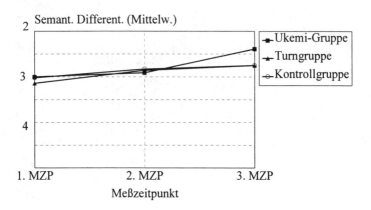

Abb. 21: Gruppenvergleich der Mittelwerte der Komplexvariable "schwer"

Die Haltung bzw. Einstellung der Versuchspersonen zum Handballfallwurf verbesserte sich in der Ukemi- und in der Turngruppe. Dabei ist der Unterschied zwischen den Mittelwerten der Gruppen bei der Komplexvariable "Zustand" zum 1. MZP signifikant.

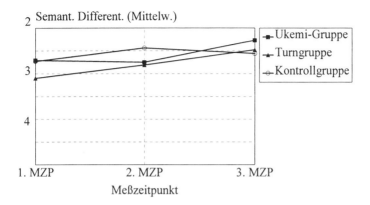

Abb. 22: Gruppenvergleich der Mittelwerte der Komplexvariable "Zustand"

Die Veränderungen der Bewegungsqualität wird mit dem Wilcoxon-Test geprüft und anschließend ebenfalls graphisch dargestellt.

Tab. 35: Der Wilcoxon-Test vom 1. zum 3. MZP für die Komplexvariablen "telisch" und "autotelisch" bei der Testübung Handballfallwurf

	Vpn	"telisch"			"autotelisch"		
	n	$\bar{x}$	Mean Ranks	Sign. (2-tailed)	$\bar{x}$	Mean Ranks	Sign. (2-tailed)
Ukemi-Gruppe							
1. MZP ↓	21	3,34	11,15		1,88	2,50	
3. MZP	21	1,96	8,00	p = ,0002	3,13	11,43	p = ,0001
Turngruppe							
1. MZP ↓	23	3,33	12,43		2,82	10,94	
3. MZP	23	2,85	7,42	p = ,0136	3,03	12,68	p = ,2296
Kontrollgruppe							
1. MZP ↓	27	2,90	11,55		3,03	12,70	
3. MZP	26	2,98	11,46	p = ,7210	2,97	13,45	p = ,4512

Die Ukemi-Gruppe erreicht in den Unterschieden der Mittelwerte bei den Komplexvariablen der Bewegungsqualität hochsignifikante Verbesserungen. Man kann davon ausgehen, daß der Einfluß der Judofalltechniken auf das Erlernen des Handballfallwurfs einen positiven Einfluß hatte. Während in der Kontrollgruppe die Unterschiede der Mittelwerte statistisch gleich bleiben, gibt es bei der Turngruppe in der Variable "telisch" eine signifikante Verbesserung des Unterschieds der Mittelwerte. Mittels der graphischen Darstellung werden die Lernverläufe der Gruppen wieder anschaulich gemacht.

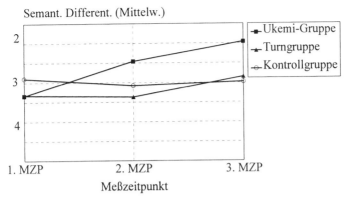

Abb. 23: Gruppenvergleich der Mittelwerte der "telischen" Qualitätsdimension beim Handballfallwurf

Zum 1. Meßzeitpunkt unterscheiden sich die Mittelwerte ("telisch") der Gruppen im Trendbereich, zum 2. und 3. MZP hochsignifikant. Mit dem Wilcoxon-Test wurden die Veränderungen der Unterschiede der Mittelwerte über den gesamten Untersuchungszeitraum geprüft. Es zeigte sich, daß die Ukemi-Gruppe eine deutlich positive Verbesserung der Variable "telische" Bewegungsqualität erreichen konnte. Das gilt auch für die Variable "autotelisch" bei dieser Gruppe.

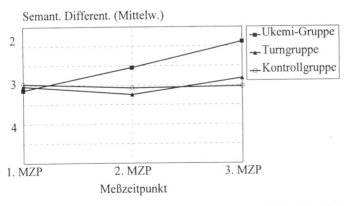

Abb. 24: Gruppenvergleich der Mittelwerte der "autotelischen" Qualitätsdimension beim Handballfallwurf

Zum 1. Meßzeitpunkt sind die Unterschiede der Mittelwerte statistisch gleich. Zum 2. und 3. MZP gibt es hochsignifikante Unterschiede. Der Unterschied der Mittelwerte zwischen dem 1. und 2. und zwischen dem 1. und 3. Meßzeitpunkt ist bei der Ukemi-Gruppe hochsignifikant. Die Kurve der Ukemi-Gruppe hat einen deutlich positiven Anstieg. Das läßt die Schlußfolgerung zu, daß durch das Üben der Judo-Falltechniken die Schüler der Ukemi-Gruppe ein qualitativ besseres Bewegungsgefühl beim Handballfallwurf als die Schüler der beiden anderen Gruppen hatten. Gerade "die Weite des intentionalen Vorentwurfs", die von GRÖBEN (1995b, S. 140) auch als "Schnittstelle personaler und situativer Einflußgrößen" bezeichnet wird, ist für das Erlernen eines erfolgreichen Handballfallwurfs wichtig. Dadurch wird der Punkt fixiert, wohin der Ball nach dem Abwurf treffen wird. Die Aufmerksamkeit wird distributiv ausgerichtet, zum einen auf das zu treffende Ziel und zum anderen auf die Orientierung des Fallenden am 7-Meter-Punkt. Die Verkopplung der Handlungsintervalle wird durch das Fallen-Können unterstützt. Störende Einflußgrößen wie die Angst vor einem Fallen müssen dann nicht berücksichtigt werden.

4.3.2.4 Korrelation der Variablen der Bewegungsleistung und der Bewegungsqualität beim Handballfallwurf

Das Verhältnis der Variablen von Bewegungsqualität und der Bewegungsleistung ("Kontakt") wird nun untersucht. Um die Stärke und die Richtung des Zusammenhangs zwischen Variablen zu messen, wird wie bei der Hocke über einen Doppelbock die Rangkorrelation nach Spearman berechnet (vgl. BÜHL/ZÖFEL 1996³). Um Richtung und Stärke des Zusammenhangs der Variablen der Bewegungsleistung und der Bewegungsqualität zu erhalten, werden wieder zwei Variablen (bivariat) korreliert .

Tab. 36: Bivariate Korrelation mit dem Spearmanschen Rangkorrelationskoeffizienten r für Variablen des Handballfallwurfs

Korrelation der Variablen	1. MZP	2. MZP	3. MZP
telisch autotelisch	N = 71 r = ,6400 p = ,000	N = 68 r = ,7618 p = ,000	N = 70 r = ,8480 p = ,000
telisch Bewegungsleistung	N = 71 r = -,0840 p = ,486	N = 68 r = -,2332 p = ,056	N = 70 r = -,1230 p = ,311
autotelisch Bewegungsleistung	N = 71 r = -,1126 p = ,350	N = 68 r = -,1315 p = ,285	N = 70 r = -,1444 p = ,233

Zum 1. Meßzeitpunkt liegt zwischen den Variablen der Bewegungsqualität ein Zusammenhang mittlerer Stärke vor. Das verändert sich dahingehend, daß die Variablen "telisch" und "autotelisch" zum 2. und 3. Meßzeitpunkt in einem hohen Zusammenhang korrelieren. Die Meßergebnisse sind hochsignifikant. Anders zeigt sich die Korrelation zwischen der Variable der Bewegungsqualität und der Bewegungsleistung "Kontakt". Es besteht nur zum 2. MZP ein geringer Zusammenhang zwischen den Variablen "telisch" und "Kontakt". Das Signifikanzniveau des Meßergebnisses liegt im Trendbereich. Die Variablen korrelieren negativ, d.h. je größer die Werte der Bewegungsleistung "Kontakt", um so niedriger (aber positiver) sind die Werte der Bewegungsqualität "telisch".

4.4 Ergebnisse in der Testaufgabe "Hechtrolle über einen Kasten"

Ein weiterer, anspruchsvoller Test wurde für die Untersuchungen zum Fallen ausgewählt, eine Hechtrolle über einen vierteiligen, quergestellten Kasten mit Anlauf und beidbeinigem Absprung ohne Federbrett. Das Abrollen hinter dem Kasten erfolgte auf

Matten. Eine gewisse Ähnlichkeit der Bewegungen zur Hocke ist erkennbar in den Phasen Anlauf, Absprung und Flug. Der Unterschied besteht in der Landung. Sie wird in Form einer Rolle realisiert. Diese Testaufgabe gehört ebenfalls in die Kategorie der turnerischen Übungen zur Überwindung von Geräten. Die Hechtrolle über einen vierteiligen Kasten verlangte einigen Schülern beträchtlichen Mut ab. Das Überwinden der Angst vor dem 83 cm hohen, rechteckigen Hindernis stand am Anfang und zusätzlich die Schwierigkeit, daß man das Gerät kopfüber überqueren sollte. Die Versuchspersonen sahen auf Grund der Blickwinkel die dahinterliegenden ersten beiden Mattenflächen nicht. Dieser Platz war wichtig, denn auf diesen Matten mußte man mit den Händen den Stütz einleiten, um dann abzurollen. Bei der vorangegangenen Testaufgabe Hocke war zu erkennen, daß viele Schüler die Stützfläche des Doppelbocks visuell fixierten, um den Stütz, die Hocke und die Landung geistig vorzubereiten. Das war bei der Hechtrolle über einen Kasten besonders wichtig. Die Aufmerksamkeitszentrierung auf wichtige Teile der Übung und eine gewisse Konzentrationsphase konnte man bei vielen Schülern beobachten. Eine optische Kopplung zu den ersten Matten hinter dem Kasten war bis zur Flugphase nicht möglich. Dadurch mußte die Aufmerksamkeit für einen Handstütz und das Einleiten der Landephase durch eine visuelle Fixierung der Stützstelle im Flug vorgenommen werden. Ähnlich wie bei der Hocke mußte man beidbeinig abspringen. Anders als bei der Hocke wird die geradlinige Flugphase in eine Rotationsbewegung umgesetzt. Das Aufsetzen der Hände zum Stütz schließt die als Fall anzusehende Flugphase ab. Das Abrollen beendete die Übung.

4.4.1 Die Bewegungsleistung

Die Hechtrolle über den Kasten wurde nicht benotet. Als Bewegungsleistung wurde die Weite der Flugphase nach dem Überqueren des Kastens in cm gemessen. Der Null-Punkt des Bandmaßes lag am Beginn der ersten Matte (hinter dem Kasten) an.

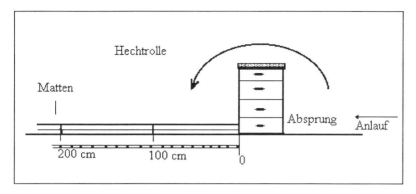

Abb. 25: Versuchsaufbau zur Hechtrolle über einen Kasten

Aus den Messungen zum Fallen (siehe Abschnitt 2.2) ist ersichtlich, daß hohe Fallkräfte bei verschiedenen sportlichen Techniken auftreten. Um für die Schüler die Fallkraft etwas abzufedern und Unfällen vorzubeugen, wurden zwei Lagen Matten hinter dem Kasten aufgebaut. Für die Vermessung lag am Mattenrand ein Bandmaß, so daß der Versuchsleiter den Abdruck der Hände auf dem Mattenboden sofort registrieren konnte. Dieses Kriterium wird als "Stützweite" bezeichnet.

4.4.1.1 Vergleich der Mittelwerte

Die "Stützweite" wurde unmittelbar nach jeder Hechtrolle protokolliert und zu jedem Test hatten die Schüler zwei Versuche. Davon wurden die Gruppenmittelwerte berechnet und verglichen. Es sollte herausgefunden werden, ob das Üben der Ukemi eine positive Auswirkung auf die Bewegungsleistung hatte. Das Design der Untersuchung ging davon aus, daß bei der Hechtrolle über einen Kasten ein Fall intendiert wird. Der intentionale Vorentwurf der Handlung (GRÖBEN 1995b) hatte Einfluß auf das Können und die Leistung. Der Kasten als Hindernis stellte in diesem Zusammenhang gewissermaßen ein "Widerfahrnis" (PROHL 1991) in der Bewegung dar. Über das Gelingen der Hechtrolle über den Kasten entschied das Fallen-Können. Davon war auch die Komponente Leistung ("Stützweite") abhängig. Die Prüfung der Unterschiede der

Mittelwerte der Gruppen für die Bewegungsleistung wird mit der einfaktoriellen Varianzanalyse durchgeführt.

Tab. 37: Gruppenvergleich der Bewegungsleistung "Stützweite" bei der Hechtrolle über einen Kasten mit der Varianzanalyse

Gruppe	1. MZP		2. MZP		3. MZP	
	$\bar{x}$ in cm	Vpn. n	$\bar{x}$ in cm	Vpn. n	$\bar{x}$ in cm	Vpn. n
1/Ukemi	113,9	23	140,0 ↑	21	137,3 ↑	21
2/Turnen	90,1	22	94,3 *	21	92,4 *	21
3/KG	98,5	27	113,9	25	114,8	28
Gesamt $\bar{x}$	100,9	72	115,9	67	114,8	70
D.F.	2		2		2	
F	1,77		5,72		5,09	
Sign.	p = ,1772		p = ,0052		p = ,0087	

Der statistische Vergleich der Mittelwerte der Gruppen zeigt zum 1. Meßzeitpunkt keinen signifikanten Unterschied. Nach Absolvierung der vier Wochen Übungszeit mit unterschiedlichen Übungsmethoden in den Gruppen gibt es zum 2. Meßzeitpunkt hochsignifikante Unterschiede in den Mittelwerten. Der Scheffe-Test lokalisiert zwischen der Ukemi- und der Turngruppe eine Differenz, die hochsignifikant ist und die auch zum 3. Meßzeitpunkt beibehalten wird. Die nachfolgende Abbildung illustriert die erreichten Leistungen der Mittelwerte der Bewegungsleistung "Stützweite".

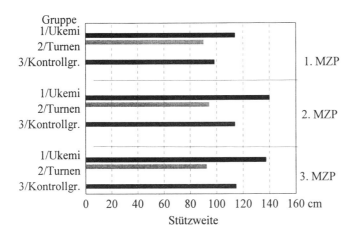

Abb. 26: Gruppenvergleich der "Stützweite" bei der Hechtrolle über einen Kasten

4.4.1.2 Vergleich der Mittelwerte der Gruppen über die Meßzeitpunkte

Bei der Bewegungsleistung "Stützweite" handelt es sich um metrische Werte, die einem intervallskalierten Merkmal entsprechen und daher mit einem t-Test auf Unterschiede der Mittelwerte geprüft werden können (vgl. FLEISCHER 1988). Ob es Veränderungen der Mittelwertdifferenzen der metrischen Werte innerhalb der Gruppen zwischen den Meßzeitpunkten gibt, wird mit dem t-Test für abhängige Stichproben geprüft. Beim Vergleich der Tabellen des t-Tests muß beachtet werden, daß der t-Test bei gepaarten Stichproben Wertepaare berechnet und prüft. Die Schüler, die am Test zu einem bestimmten Meßzeitpunkt nicht teilnehmen, fallen aus der Berechnung heraus. In den Versuchsgruppen fehlten zu den Meßzeitpunkten verschiedene Schüler, diese wurden in der Datenanalyse von SPSS als "Missing-Werte" behandelt und nicht als Wertepaare berechnet.

Tab. 38: t-Test für abhängige Stichproben vom 1. zum 2. MZP bei der Hechtrolle über einen Kasten für die "Stützweite"

	Wertepaare n	x in cm	SD	Sign. (2-tailed)
Ukemi-Gruppe 1. MZP 2. MZP	21	117,6 140,0	31,47 34,26	p = ,020
Turngruppe 1. MZP 2. MZP	21	94,4 94,3	43,52 55,37	p = ,985
Kontrollgr. 1. MZP 2. MZP	23	105,3 114,3	40,41 40,86	p = ,126

Nur die Ukemi-Gruppe erreichte über die Zeitspanne vom 1. zum 2. Meßzeitpunkt signifikante Verbesserungen der Unterschiede der Mittelwerte in der Bewegungsleistung. Dies läßt die Schlußfolgerung zu, daß der Einsatz der Judofalltechniken den Schülern die Sicherheit gab, gekonnt abzurollen, bzw. das Fallen zu intendieren. Dadurch konnten sie ihre Aufmerksamkeit auf die Weite der Hechtrolle verlagern. Der intentionale Vorentwurf der Handlung wurde nicht mehr vom Risikofaktor Kasten und der dahinter zu vollziehenden Landung beeinflußt.

Über den gesamten Untersuchungszeitraum konnte die Ukemi-Gruppe die Verbesserung der Bewegungsleistung beibehalten. Der t-Test vom 1. zum 3. Meßzeitpunkt zeigt eine hochsignifikante Verbesserung der Mittelwertunterschiede. Die Kontrollgruppe schaffte ebenfalls eine Verbesserung. Die folgende Tabelle zeigt, daß der Unterschied der Mittelwerte auf Trendniveau liegt.

Tab. 39: t-Test für abhängige Stichproben vom 1. zum 3. MZP bei der Hechtrolle über einen Kasten für die "Stützweite"

	Wertepaare n	x in cm	SD	Sign. (2-tailed)
Ukemi-Gruppe 1. MZP ↓ 3. MZP	21	117,6 137,3	31,47 33,19	p = ,002
Turngruppe 1. MZP ↓ 3. MZP	20	95,4 92,3	44,42 53,32	p = ,591
Kontrollgr. 1. MZP ↓ 3. MZP	27	98,5 115,0	47,73 49,40	p = ,069

Die Abbildung 26 veranschaulicht im Gruppenvergleich, daß besonders die Ukemi-Gruppe einen deutlichen Vorsprung vor den beiden anderen Gruppen zum 2. Meßzeitpunkt erzielt. Aus der Tabelle 37 zum Gruppenvergleich der Mittelwerte der Bewegungsleistung Hechtrolle über einen Kasten mit der Varianzanalyse wird ersichtlich, daß diese Differenz zwischen den Gruppen zum 2. MZP hochsignifikant ist. Aus den weiteren Berechnungen (t-Test) geht hervor, daß im Verlauf der gesamten Untersuchung vor allem die Ukemi-Gruppe sich deutlich verbessert. Auch die Kontrollgruppe erreicht eine Steigerung der Bewegungsleistung "Stützweite". Die Turngruppe konnte sich vom 1. zum 3. Meßzeitpunkt bei der Hechtrolle über einen Kasten nicht verbessern. Nachdem sich gezeigt hat, daß zwei Gruppen eine Verbesserung der Bewegungsleistung erreichten, soll im Anschluß der Einfluß der Übungsmethoden auf die "Bewegungsqualität" (PROHL 1990, 1991) geprüft werden.

4.4.2 Die Bewegungsqualität
4.4.2.1 Vergleich der Mittelwerte der Gruppen zum 1. MZP

Im Experiment sollte u.a. geprüft werden, ob sich die Ausbildung der Versuchspersonen mit Ukemi auf die Bewegungsqualität bei einer Übung, die sowohl das Fallen-Können, als auch den Sturz bei Mißlingen beinhaltete, positiv auswirkte. Die "Widerfahrnis" (PROHL 1991) der Situation Hechtrolle über einen Kasten sollte die Handlungsfähigkeit Fallen-Können auslösen. Die Handlung nahm für die Schüler Wertcharakter an, indem man den Kasten gut oder schlecht überwand, indem die Hechtrolle gelang oder mißlang. Die Bewegungsqualität ergab sich aus dem Verhältnis der Intention (den Kasten gut überwinden zu wollen) und den Folgen/Wirkungen des Verhaltens (in der Flugphase die nötige Höhe erreichen). Die Folgesituation der sicheren Landung erreicht nur dann eine hohe Qualität (genügend Raum und Zeit zum Abrollen), wenn die vorangegangenen Teilbewegungen gelungen waren.

Bei den Komplexvariablen der semantischen Differentiale standen sich auf einer fünfteiligen Skala antinomische Adjektivpaare gegenüber. Die Auswertung der Befragungsbögen erfolgte mit Punkten ähnlich einer Zensierung von 1 (positiv) bis 5 (negativ). Zur Auswertung werden die Mittelwerte der Komplexvariablen der semantischen Differentiale mit dem Kruskal-Wallis-H-Test zum 1. Meßzeitpunkt auf signifikante Unterschiede zwischen den Gruppen geprüft.

Tab. 40: Kruskal-Wallis-H-Test bei der Hechtrolle über einen Kasten zum 1. MZP

Gruppe	Vpn. n	"schwer"		"Zustand"		"telisch"		"autotelisch"	
		Rangplätze x̄	x̄	Rangplätze x̄	x̄	Rangplätze x̄	x̄	Rangplätze x̄	x̄
1/Ukemi	23	34,11	2,90	30,33	2,60	41,74	2,94	44,37	2,97
2/Turnen	22	44,48	3,19	44,73	3,10	36,75	2,86	35,07	2,77
3/KG	27	32,04	2,88	35,06	2,74	31,83	2,52	30,96	2,48
x̄			2,98		2,81		2,76		2,72
D.F.		2		2		2		2	
Chi-Square		4,97		5,58		2,85		5,29	
Sign.		p = ,0831		p = ,0614		p = ,2398		p = ,0710	

Zum 1. Meßzeitpunkt gibt es Unterschiede in den Mittelwerten der Komplexvariablen "schwer", "Zustand" und "autotelisch" zwischen den Untersuchungsgruppen auf Trendniveau. Die Hechtrolle über den Kasten wird von den Gruppenmitgliedern unterschiedlich im Schwierigkeitsgrad eingeschätzt. Die Haltung, bzw. die Einstellung der Versuchspersonen der Gruppen unterscheidet sich zum 1. Meßzeitpunkt auf Trendniveau.

Zum 1. MZP sind die Gruppenmittelwerte in der Komplexvariable "telisch" statistisch gleich. Bei der Komplexvariable "autotelisch" gibt es einen Unterschied der Mittelwerte zwischen den Gruppen auf Trendniveau. Weitere Präzisierungen der Datenauswertung werden mit den nachfolgenden Tests vorgenommen.

4.4.2.2 Vergleich der Mittelwerte der Gruppen zum 2. MZP

Nach einem zeitlich begrenzten Übungsabschnitt sollte der Einfluß der Methoden auf die Vpn. bei der Hechtrolle über einen Kasten zum 2. MZP überprüft werden. In dem Datensatz liegt keine Normalverteilung vor, deshalb prüft man weiter mit dem Kruskal-Wallis-H-Test, ob die Mittelwerte der Komplexvariablen im Vergleich der Gruppen zum 2. Meßzeitpunkt signifikante Unterschiede aufweisen.

Tab. 41: Kruskal-Wallis-H-Test bei der Hechtrolle über einen Kasten zum 2. MZP

Gruppe	Vpn. n	"schwer" Rangplätze $\bar{x}$	$\bar{x}$	"Zustand" Rangplätze $\bar{x}$	$\bar{x}$	"telisch" Rangplätze $\bar{x}$	$\bar{x}$	"autotelisch" Rangplätze $\bar{x}$	$\bar{x}$
1/Ukemi	21	20,83	2,04	20,26	1,80	22,14	1,79	20,62	1,69
2/Turnen	21	38,26	2,69	38,07	2,56	36,00	2,71	36,17	2,62
3/KG	25	41,48	2,81	42,12	2,71	42,28	2,96	43,42	2,95
$\bar{x}$			2,53		2,37		2,51		2,45
D.F.		2		2		2		2	
Chi-Square		14,71		15,82		12,81		16,11	
Sign.		p = ,0006		p = ,0004		p = ,0016		p = ,0003	

Die Tabelle zeigt, daß sich die Mittelwerte der Komplexvariablen zwischen den Gruppen hochsignifikant unterscheiden. Welche Effekte sich vom 1. zum 2. Meßzeitpunkt in den Gruppen durch den Einsatz unterschiedlicher Übungsmethoden ergeben, wird mit dem Wilcoxon-Test geprüft.

Tab. 42: Wilcoxon-Test vom 1. zum 2. MZP für die Komplexvariablen "schwer" und "Zustand" bei der Testübung Hechtrolle über einen Kasten

	Vpn	"schwer"			"Zustand"		
	n	$\bar{x}$	Mean Ranks	Sign. (2-tailed)	$\bar{x}$	Mean Ranks	Sign. (2-tailed)
Ukemi-Gruppe							
1. MZP ↓	23	2,90	11,19		2,60	11,35	
2. MZP	21	2,04	3,67	p = ,0007	1,80	4,00	p = ,0001
Turngruppe							
1. MZP ↓	22	3,19	8,60		3,10	12,07	
2. MZP	21	2,69	12,00	p = ,0129	2,56	6,83	p = ,0169
Kontrollgruppe							
1. MZP ↓	27	2,88	10,32		2,74	10,40	
2. MZP	25	2,81	9,56	p = ,4566	2,71	9,56	p = ,7172

Die Werte in der Kontrollgruppe verändern sich nicht. Die Turngruppe verbessert sich, die Unterschiede in den Mittelwerten der o.g. Komplexvariablen sind signifikant. Die Veränderungen während der vierwöchigen Übungszeit vom Eingangs- zum Ausgangstest sind in der Ukemi-Gruppe deutlich nachzuweisen. Die Unterschiede der Mittelwerte der Ukemi-Gruppe in den Komplexvariablen "schwer" und "Zustand" sind hochsignifikant. Aus den Ergebnissen geht hervor, daß die Ukemi-Gruppe die Hechtrolle über den Kasten als nicht mehr so schwierig wie zu Beginn empfand, daher veränderte sich auch ihre Haltung zur Übung positiv.

Tab. 43: Wilcoxon-Test vom 1. zum 2. MZP für die Komplexvariablen "telisch" und "autotelisch" bei der Testübung Hechtrolle über einen Kasten

	Vpn		"telisch"			"autotelisch"	
	n	$\bar{x}$	Mean Ranks	Sign. (2-tailed)	$\bar{x}$	Mean Ranks	Sign. (2-tailed)
Ukemi-Gruppe							
1. MZP ↓	23	2,94	10,33		2,97	,00	
2. MZP	21	1,79	4,00	p = ,0003	1,69	10,00	p = ,0001
Turngruppe							
1. MZP ↓	22	2,86	7,13		2,77	8,92	
2. MZP	21	2,71	8,00	p = ,7776	2,62	7,39	p = ,7120
Kontrollgruppe							
1. MZP ↓	27	2,52	7,14		2,48	13,39	
2. MZP	21	2,96	11,67	p = ,0702	2,95	8,19	p = ,0477

Während die Turngruppe im Zeitraum vom Eingangs- zum Ausgangstest keine Verbesserung der Bewegungsqualität erreicht, können sich die Mittelwertunterschiede der Kontrollgruppe verbessern ("telisch" mit Trend- und "autotelisch" mit Signifikanzniveau). Positive Ergebnisse zeigt der Wilcoxon-Test im Vergleich der Mittelwerte auch für die Komplexvariablen der Bewegungsqualität in der Ukemi-Gruppe. Die Prüfung der Unterschiede der Mittelwerte zeigt, daß sich die Gruppe hochsignifikant verbessert. Das läßt die Schlußfolgerung zu, daß sich der Einsatz der Ukemi für die Übungsaufgabe im vorgesehenen Zeitraum als wirksam erwies.

4.4.2.3 Vergleich der Mittelwerte der Gruppen zum 3. MZP

Vom 2. zum 3. Meßzeitpunkt hatte es eine Untersuchungspause gegeben (vgl. Abbildung 7). Nach einem Zeitraum von vier Wochen wurde der Test zur Hechtrolle über einen Kasten mit den Schülern durchgeführt. Zuerst wird wieder mit dem Kruskal-

Wallis-H-Test geprüft, ob sich die Mittelwerte der Stichproben zum 3. MZP unterscheiden oder nicht.

Tab. 44: Kruskal-Wallis-H-Test bei der Hechtrolle über einen Kasten zum 3. MZP

Gruppe	Vpn. n	"schwer" Rangplätze	$\bar{x}$	"Zustand" Rangplätze	$\bar{x}$	"telisch" Rangplätze	$\bar{x}$	"autotelisch" Rangplätze	$\bar{x}$
1/Ukemi	21	23,76	2,11	22,86	1,67	26,38	1,83	20,57	1,61
2/Turnen	21	42,98	2,76	41,12	2,50	38,90	2,64	39,98	2,61
3/KG	28	38,70	2,65	40,77	2,50	39,79	2,66	43,34	2,83
$\bar{x}$			2,52		2,25		2,41		2,40
D.F.		2		2		2		2	
Chi-Square		10,97		11,68		6,17		16,58	
Sign.		p = ,0041		p = ,0029		p = ,0456		p = ,0003	

Aus der Tabelle kann man entnehmen, daß sich die Gruppenmittelwerte signifikant ("telisch") bzw. hochsignifikant unterscheiden.

Mit dem Wilcoxon-Test soll zum Ende der Untersuchungen geprüft werden, welchen Einfluß die eingesetzten Methoden auf das Erlernen der Übung Hechtrolle über einen Kasten während des gesamten Zeitraums haben.

Tab. 45: Wilcoxon-Test vom 1. zum 3. MZP für die Komplexvariablen "schwer" und "Zustand" bei der Testübung Hechtrolle über einen Kasten

	Vpn	"schwer"			"Zustand"		
	n	x̄	Mean Ranks	Sign. (2-tailed)	x̄	Mean Ranks	Sign. (2-tailed)
Ukemi-Gruppe 1. MZP ↓ 3. MZP	23 21	2,90 2,11	11,56 7,67	p = ,0013	2,60 1,67	11,27 5,50	p = ,0001
Turngruppe 1. MZP ↓ 3. MZP	22 21	3,19 2,76	8,69 16,00	p = ,0198	3,10 2,50	11,03 6,13	p = ,0046
Kontrollgruppe 1. MZP ↓ 3. MZP	27 28	2,88 2,65	11,71 9,57	p = ,0918	2,74 2,50	10,50 12,25	p = ,1443

Die Unterschiede der Mittelwerte der Ukemi-Gruppe verbessern sich hochsignifikant. Während sich die Mittelwertunterschiede der Kontrollgruppe nur in der Komplexvariable "schwer" auf Trendniveau verbessern, kann die Turngruppe signifikante ("schwer") und hochsignifikante ("Zustand") Verbesserungen der Unterschiede der Mittelwerte in der Komplexvariablen erreichen.

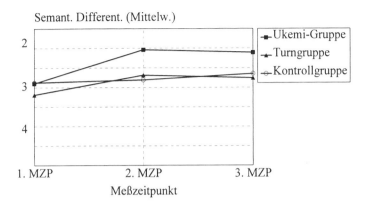

Abb. 27: Gruppenvergleich der Mittelwerte der Komplexvariable "schwer" bei der Hechtrolle über einen Kasten

Die Schüler der Turngruppe empfanden die Hechtrolle vom 1. zum 3. MZP als nicht mehr so schwierig (p = ,0013). Die Verbesserung der Mittelwerte der Turngruppe in diesen beiden Variablen zeigt, daß die Versuchspersonen ihren "Respekt" vor der Überwindung des Kastens ablegen konnten. In gleicher Weise verbesserte sich die Einstellung vom 1. zum 3. MZP ("Zustand", p = ,0001) der Schüler der Ukemi-Gruppe zur Übungsaufgabe.

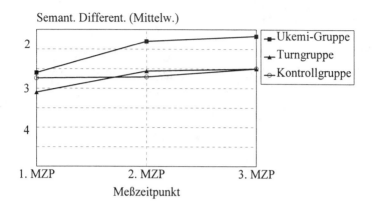

Abb. 28: Gruppenvergleich der Mittelwerte der Komplexvariable "Zustand" bei der Hechtrolle über einen Kasten

Es gelang aber mit den eingesetzten Methoden nicht, den inneren Aspekt der Handlung in seiner telischen und autotelischen Qualität (vgl. PROHL 1990) bei den Schülern der Turn- und Kontrollgruppe zu verbessern. Im Vergleich dazu kann die Ukemi-Gruppe hochsignifikante Verbesserungen in allen Mittelwerten der Komplexvariablen erreichen.

Tab. 46: Wilcoxon-Test vom 1. zum 3. MZP für die Komplexvariablen "telisch" und "autotelisch" bei der Testübung Hechtrolle über einen Kasten

	Vpn	"telisch"			"autotelisch"		
	n	$\bar{x}$	Mean Ranks	Sign. (2-tailed)	$\bar{x}$	Mean Ranks	Sign. (2-tailed)
Ukemi-Gruppe 1. MZP ↓	23	2,94	10,97		2,97	,00	
3. MZP	21	1,83	1,75	p = ,0002	1,61	10,50	p = ,0001
Turngruppe 1. MZP ↓	22	2,86	8,00		2,77	8,19	
3. MZP	21	2,64	6,14	p = ,8613	2,61	8,81	p = ,8971
Kontrollgruppe 1. MZP ↓	27	2,52	13,80		2,48	15,71	
3. MZP	28	2,66	11,57	p = ,7317	2,83	10,92	p = ,2584

Den Schülern der Gruppe 1 gelang es zunehmend besser, daß Bewegungsproblem Hechtrolle über einen Kasten zu lösen. Die Mittelwerte der Bewegungsqualität weisen hochsignifikante Verbesserungen auf. Das Lernen der Ukemi und der Transfer der erworbenen Möglichkeit des Fallen-Könnens lösen das Problem der Ungleichheit zwischen "Wollen" und "Können" positiv auf. Der Lernverlauf ist, bezogen auf die Veränderung des Erlebens der Bewegungsqualität, in den beiden nachfolgenden Abbildungen in Kurvendiagrammen dargestellt.

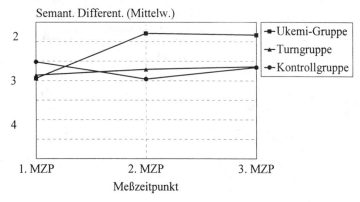

Abb. 29: Gruppenvergleich der Mittelwerte der "telischen" Qualitätsdimension bei der Hechtrolle über einen Kasten

Die Kurven der Ukemi-Gruppe steigen in beiden Diagrammen vom 1. zum 2. Meßzeitpunkt an und halten das Niveau vom 2. zum 3. MZP. In Zusammenhang zu den statistischen Prüfverfahren hat sich gezeigt, daß das Erlernen der Judofalltechniken über einen Zeitraum von vier Wochen einen positiven Einfluß auf die Bewegungsqualität der Schüler bei der Hechtrolle über einen Kasten hatte.

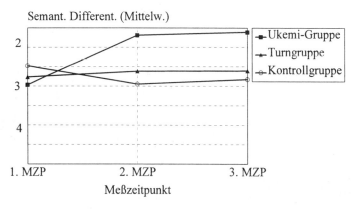

Abb. 30: Gruppenvergleich der Mittelwerte der "autotelischen" Qualitätsdimension bei der Hechtrolle über einen Kasten

4.4.2.4 Korrelation der Variablen der Bewegungsleistung und der Bewegungsqualität bei der Hechtrolle

Das Verhältnis der Variablen von Bewegungsqualität und Bewegungsleistung soll nun untersucht werden. Um die Stärke und die Richtung des Zusammenhangs zwischen Variablen zu messen, wird der Korrelationskoeffizient r berechnet. Bei metrischen, intervallskalierten Daten (wie der Bewegungsleistung) wird der "Pearsonsche Produkt-Moment-Korrelationskoeffizient r" verwendet (JANSSEN/LAATZ 1994, S. 236). Die semantischen Differentiale sind ordinalskaliert und können nicht mit der Bewegungsleistung nach dem Pearsonschen Korrelationskoeffizienten geprüft werden. JANSSEN/LAATZ (1994) weisen darauf hin, daß dieser Koeffizient für die zu korrelierenden Variablen Intervallskalenniveau verlangt. Das liegt aber im Datensatz der empirischen Untersuchung zur Hechtrolle über einen Kasten nicht vor. "Bei ordinalskalierten oder nicht-normalverteilten intervallskalierten Variablen wird anstelle des Pearson-Koeffizienten die Rangkorrelation nach Spearman berechnet" (BÜHL/ZÖFEL 1996[3], S. 301). Um die Richtung und Stärke des Zusammenhangs der Variablen der Bewegungsleistung und der Bewegungsqualität zu erhalten, wurden jeweils zwei Variablen (bivariat) korreliert.

Tab. 47: Bivariate Korrelation mit dem Spearmanschen Rangkorrelationskoeffizienten r für Variablen der Hechtrolle über einen Kasten

Korrelation der Variablen	1. MZP	2. MZP	3. MZP
telisch autotelisch	N = 72 r = ,8929 p = ,000	N = 67 r = ,9286 p = ,000	N = 70 r = ,8849 p = ,000
telisch Bewegungsleistung	N = 72 r = -,4468 p = ,000	N = 67 r = -,6548 p = ,000	N = 70 r = -,6462 p = ,000
autotelisch Bewegungsleistung	N = 72 r = -,5154 p = ,000	N = 67 r = -,6285 p = ,000	N = 70 r = -,6127 p = ,000

In allen drei Meßzeitpunkten wird ein positiver Zusammenhang der Komplexvariablen "telisch" und "autotelisch" angezeigt. Die Meßergebnisse sind hochsignifikant, der Zusammenhang der Variablen ist mit r > 0,8 sehr stark. Zum 1. Meßzeitpunkt besteht ein negativer Zusammenhang mit niedriger Stärke zwischen den Variablen der Bewegungsqualität und der Bewegungsleistung. Zum 2. und 3. Meßzeitpunkt liegt dann eine negative Korrelation mit mittlerer Stärke vor. Da die Werte der Bewegungsleistung stiegen und sich die Bewegungsqualität verbesserte, gibt es einen negativen linearen Zusammenhang. Es handelt sich um umgekehrt proportional laufende Variablenwerte, d.h. je weiter (größer) die erzielte "Stützweite", desto besser (kleiner) die Werte der Variablen von "telisch" und "autotelisch".

Die statistische Prüfung der Ergebnisse in der Testaufgabe Hechtrolle über einen Kasten zeigt, daß die Ausbildung der Schüler mit Ukemi zum Erlernen sportlicher Bewegungen positive Effekte zur Verbesserung der Bewegungsqualität hervorbrachte. Das Erlernen der Judo-Fallrolle vorwärts beeinflußte das Erlernen der weitaus schwierigeren Übung Hechtrolle über einen Kasten. Es handelt sich in diesem Abschnitt um den Einfluß des prediktiven Transfer (vgl. LEIST 1979) im motorischen Lernen. Aber für die Schüler der Ukemi-Gruppe mußten beim Überqueren des Kastens die Erfahrungen der Judofallrolle zeitlich und räumlich neu strukturiert werden.

4.4.3 Ergebnisse in der Befragung zur Angst vor der Höhe des Kastens

Angst wird als "kognitive, emotionale und körperliche Reaktion auf eine Gefahrensituation bzw. auf die Erwartung einer Gefahr oder Bedrohungssituation" verstanden (HACKFORT/SCHWENKMEZGER 1985[2], S. 19). Es wurde bereits darauf hingewiesen, daß die Hechtrolle über einen Kasten von den Schülern der Versuchsgruppen noch nicht geübt wurde. Um herauszufinden, ob die Schüler Angst vor dieser Übung haben, was sie dabei als Bedrohungssituation ansehen, wurde eine zusätzliche Erhebung durchgeführt. Die Versuchspersonen wurden im Vorfeld der empirischen Untersuchung unmittelbar nach der Demonstration der Hechtrolle über einen Kasten in Gesprächen befragt, was sie an dieser Übung als besonders schwierigen Belastungsfaktor ansehen. Dabei kam zum Ausdruck, daß überwiegend die Höhe des Kastens, bzw. die Angst vor der Höhe des aufgebauten Gerätes als beeinflussender Faktor genannt wurde. Damit war die konkrete "Angst vor etwas" (BAUMANN 1979, S. 263) und die Orientierung der Aufmerksamkeit (HEILEMANN/MÜLLER 1993) auf einen bestimmten Gegenstand abgegrenzt. In Anlehnung an die Befragungstechnik mit den semantischen Differentialen wurde für die Belastungsbedingung "Höhe des Kastens" eine fünfteilige Skala erstellt. Darauf sollten die Schüler zu jedem Meßzeitpunkt ihre Antwort eintragen.

Belastungsbedingung

           nicht belastend   >   mittel   >   sehr belastend

              1   2   3   4   5

Höhe des Kastens   I----------I----------I----------I----------I

Der Fragebogen wurde vor der Überquerung des Kastens, im Zusammenhang mit den semantischen Differentialen "schwer" und "Zustand" an die Schüler verteilt und ausgefüllt.

4.4.3.1 Vergleich der Mittelwerte der Gruppen

Die Daten der Befragung werden mit dem Kruskal-Wallis-H-Test auf Unterschiede der Mittelwerte zwischen den Gruppen zu jedem Meßzeitpunkt geprüft.

Tab. 48: Vergleich der Mittelwerte mit dem Kruskal-Wallis-H-Test bei der Variable "Höhe des Kastens"

Gruppe	1. MZP			2. MZP			3. MZP		
	Vpn. n	$\bar{x}$	Rangplätze	Vpn. n	$\bar{x}$	Rangplätze	Vpn. n	$\bar{x}$	Rangplätze
1/Ukemi	23	3,00	33,28	21	2,42	29,81	21	2,66	31,88
2/Turnen	22	3,86	43,91	21	3,09	37,98	21	3,19	37,57
3/KG	27	3,00	33,20	25	2,80	34,18	28	2,96	36,66
$\bar{x}$	3,20			2,77			2,94		
D.F.	2			2			2		
Chi-Square	4,29			2,37			1,12		
Sign.	p = ,1167			p = ,3056			p = ,5702		

Die Unterschiede der Mittelwerte zwischen den Gruppen, die mit dem Kruskal-Wallis-H-Test geprüft wurden, waren zu allen drei Meßzeitpunkten statistisch gleich. Die nachfolgende Prüfung der Daten der Variable "Höhe des Kastens" mit dem Wilcoxon-Test soll weiteren Aufschluß über mögliche Veränderungen bringen.

4.4.3.2 Vergleich der Mittelwerte der Gruppen zum 2. und 3. MZP

Der Wilcoxon-Test prüft die Gruppen innerhalb der Meßzeitpunkte als abhängige Stichproben. Der Einfluß der Methoden auf die Einstellung der Schüler zur Belastungsbedingung "Höhe des Kastens" wird zuerst vom 1. zum 2. Meßzeitpunkt geprüft.

Tab. 49: Wilcoxon-Test vom 1. zum 2. MZP für die Werte der Variable "Höhe des Kastens"

	Vpn. n	$\bar{x}$	Rangplätze $\bar{x}$	Sign. (2-tailed)
Ukemi-Gruppe				
1. MZP ↓	23	3,00	7,65	
2. MZP	21	2,42	10,25	p = ,0249
Turngruppe				
1. MZP ↓	22	3,68	4,00	
2. MZP	21	3,09	,00	p = ,0180
Kontrollgruppe				
1. MZP ↓	27	3,00	5,93	
2. MZP	25	2,80	4,50	p = ,1536

Die Unterschiede der Mittelwerte der Ukemi-und der Turngruppe verbessern sich signifikant. Das läßt die Schlußfolgerung zu, daß durch die eingesetzten Methoden die Belastung "Höhe des Kastens" von den Schülern dieser beiden Gruppen als nicht mehr so hoch angenommen wurde.

Innerhalb der Kontrollgruppe gibt es keine Veränderungen der Unterschiede der Mittelwerte. Die Schüler sahen die Höhe des Kastens als gleichbleibende Einflußgröße an. Das gilt auch für die Prüfung der Unterschiede der Mittelwerte für den Zeitraum vom 1. zum 3. Meßzeitpunkt.

Tab. 50: Wilcoxon-Test vom 1. zum 3. MZP für die Werte der
Variable "Höhe des Kastens"

	Vpn.		Rangplätze	Sign.
	n	$\bar{x}$	$\bar{x}$	(2-tailed)
Ukemi-Gruppe				
1. MZP	23	3,00	7,60	
3. MZP	21	2,67	7,25	p = ,1401
Turngruppe				
1. MZP	22	3,68	5,43	
3. MZP	21	3,19	3,50	p = ,0633
Kontrollgruppe				
1. MZP	27	3,00	9,50	
3. MZP	28	2,96	7,50	p = ,6791

Nur die Unterschiede der Mittelwerte der Turngruppe verbessern sich auf Trendniveau vom 1. zum 3. Meßzeitpunkt. In der Ukemi- und Kontrollgruppe bleiben die Unterschiede der Mittelwerte über den gesamten Untersuchungszeitraum gleich. Die nachfolgende Graphik veranschaulicht den Vergleich der Mittelwerte und die Entwicklung in den Gruppen.

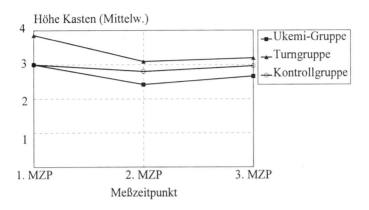

Abb. 31: Gruppenvergleich der Mittelwerte der Variable "Höhe des Kastens"

Die Mittelwerte der Gruppen unterscheiden sich in den Meßzeitpunkten nicht. Vergleicht man die Entwicklung innerhalb der einzelnen Gruppen während der Intervalle der Meßzeiträume, ergibt sich ein differenziertes Bild. Für die Schüler der Kontrollgruppe ist die Höhe des Kastens bei der Hechtrolle ein gleichbleibend schwieriges und beeinflussendes Element. Die Schüler der Ukemi-Gruppe beantworten die Befragung nach dem Einfluß der Höhe des Kastens auf die Übungsausführung zum 1. MZP auf dem gleichen Schwierigkeitsniveau wie die Vpn. der Kontrollgruppe. Die Höhe des Kastens wird dann aber in der Ukemi-Gruppe zum 2. MZP nicht mehr als "störender Faktor" bei der Absolvierung der Hechtrolle über den Kasten erlebt. Die Unterschiede der Mittelwerte verbesserten sich. Man kann daraus schlußfolgern, daß durch die Judofalltechniken den Schülern ein gewisses Maß an Sicherheit vermittelt wurde. Dadurch konnte die Angst vor einem bisher ungewohnten Turngerät (vgl. dazu BAUMANN 1979) bzw. dieser Übung abgebaut werden.

4.5 Untersuchungsergebnisse zur Angst vor Stürzen

Ein weiterer Aspekt der empirischen Untersuchung war die Frage, ob es möglich ist, die sportspezifische Angst vor Stürzen mit den eingesetzten Methoden zu senken. Es wurde schon bei der Darstellung der Voruntersuchungen darauf hingewiesen, daß es eine Befragung zur Angst vor Stürzen gab (vgl. Abschnitt 4.1.5). Diese Befragung wurde während der gesamten Untersuchung weitergeführt. Die Schüler wurden auf einer fünfteiligen Skala befragt. Der Wert 1 wurde als positiv, der Wert 5 als negativ festgelegt. Die Antworten sollten sie auf einem Fragebogen festhalten:

Hast Du Angst vor dem Stürzen im Sport? (Zutreffendes bitte einkreisen)

```
     sehr   ziemlich   mittel   ziemlich   sehr
ja I---------I-----------I------------I----------I  nein/nicht
```

Das Design der Befragung war dem der semantischen Differentiale ähnlich. Die Problemstellung ging von der Annahme aus, daß es durch das Üben der Ukemi möglich ist, die Angst vor Stürzen abzubauen.

Die Befragung wurde jeweils in der Sportstunde flankierend durchgeführt, in der die Untersuchung zur Testaufgabe Hechtrolle über einen Kasten stattfand. Die Mittelwerte der Befragung zur Angst vor Stürzen werden zuerst mit dem Kruskal-Wallis-H-Test auf Unterschiede zwischen den Gruppen für alle Meßzeitpunkte geprüft.

4.5.1 Untersuchungsergebnisse zur Angst vor Stürzen und Vergleich zwischen den Gruppen bis zum 2. MZP

Die drei Unterrichtsgruppen der empirischen Untersuchung sollen daraufhin geprüft werden, ob sie bezüglich der Angst vor Stürzen signifikante Unterschiede aufweisen. Dazu werden wieder nichtparametrische Tests eingesetzt, zuerst der Kruskal-Wallis-H-

Test. Die nachfolgende Tabelle zeigt aber, daß zum 1. und 2. Meßzeitpunkt keine signifikanten Unterschiede zwischen den Mittelwerten der Gruppen vorliegen.

Tab. 51: Kruskal-Wallis-H-Test zum Vergleich der Gruppen bei der Untersuchung zur Angst vor Stürzen

	1. MZP		2. MZP	
Gruppe	Vpn. n	Rangplätze $\bar{x}$	Vpn. n	Rangplätze $\bar{x}$
1/Ukemi	23	32,70	21	29,43
2/Turnen	22	36,82	21	37,98
3/KG	27	39,48	25	34,50
$\bar{x}$		2,36		2,03
D.F.		2		2
Chi-Square		1,53		2,27
Sign.		p = ,4652		p = ,3201

Um anschließend herauszufinden, ob es innerhalb der einzelnen Mittelwerte der Gruppen eine Veränderung vom 1. zum 2. Meßzeitpunkt gibt, wird der Wilcoxon-Test eingesetzt.

Tab. 52: Wilcoxon-Test vom 1. zum 2. MZP zur Untersuchung der Angst vor Stürzen in den Gruppen

	Vpn	Angst vor Stürzen		
	n	$\bar{x}$	Mean Ranks	Sign. (2-tailed)
Ukemi-Gruppe				
1. MZP	23	2,21	7,30	
2. MZP	21	1,76	6,00	p = ,0546
Turngruppe				
1. MZP	22	2,36	6,50	
2. MZP	21	2,28	6,50	p = ,6101
Kontrollgruppe				
1. MZP	27	2,48	9,77	
2. MZP	25	2,04	8,80	p = ,0707

In der Turngruppe gibt es keine Veränderungen, die Unterschiede der Mittelwerte bleiben statistisch gleich. Die Unterschiede der Mittelwerte in der Ukemi- und der Kontrollgruppe erreichen Trendniveau. Die Mittelwerte dieser Gruppen verbessern sich. Das Ergebnis läßt für die Ukemi-Gruppe die Schlußfolgerung zu, daß die Verminderung der Angst vor Stürzen bei den Schülern auf die eingesetzte Übungsmethode, auf das Fallen-Können und das damit erworbene Gefühl der Sicherheit zurückzuführen sind. Für die Kontrollgruppe ist das Ergebnis nicht erwartet worden. Um eine weitere Differenzierung für diesen Teilaspekt der Untersuchung zu bekommen, werden die Mittelwerte der Gruppen zum 3. MZP auf Unterschiede geprüft.

4.5.2 Untersuchungsergebnisse zur Angst vor Stürzen und Vergleich zwischen den Gruppen zum 3. MZP

Wieder kommt der H-Test nach Kruskal und Wallis zur Anwendung um zu prüfen, ob sich die Gruppen unterscheiden oder nicht.

Tab. 53: Kruskal-Wallis-H-Test zum Vergleich der Gruppen bei der Untersuchung zur Angst vor Stürzen zum 3. MZP

	3. MZP	
Gruppe	Vpn. n	Rangplätze $\bar{x}$
1/Ukemi	21	26,55
2/Turnen	21	45,83
3/KG	28	34,46
$\bar{x}$		2,32
D.F.		2
Chi-Square		10,43
Sign.		p = ,0054

Der Unterschied zwischen den Mittelwerten der Gruppen ist hochsignifikant. Mit dem Wilcoxon-Test werden die Gruppen auf Unterschiede der Mittelwerte über den Gesamtzeitraum der Untersuchung vom 1. bis 3. Meßzeitpunkt geprüft.

Tab. 54: Wilcoxon-Test vom 1. zum 3. MZP zur Untersuchung der Angst vor Stürzen in den Gruppen

	Vpn		Angst vor Stürzen	
	n	$\bar{x}$	Mean Ranks	Sign. (2-tailed)
Ukemi-Gruppe				
1. MZP	23	2,21	7,90	
3. MZP	21	1,85	6,50	p = ,0962
Turngruppe				
1. MZP	22	2,36	4,00	
3. MZP	21	2,85	5,29	p = ,0858
Kontrollgruppe				
1. MZP	27	2,48	7,86	
3. MZP	28	2,28	9,90	p = ,3388

Die Mittelwerte der Kontrollgruppe bleiben statistisch gleich. Der Unterschied des Mittelwerts der Turngruppe verschlechtert sich vom 1. zum 3. Meßzeitpunkt im Trendbereich (p = ,0858). Da die Befragung in Anlehnung an die Befragungstechnik der semantischen Differentiale gehandhabt wurde, bedeutet die Veränderung des Mittelwerts von 2,36 auf 2,85 eine Verschlechterung. Die Unterschiede der Mittelwerte der Ukemi-Gruppe verbessern sich vom 1. zum 3. Meßzeitpunkt, das Signifikanzniveau liegt im Trendbereich. Die nachfolgende Graphik veranschaulicht die Entwicklung der Einstellung der Versuchspersonen bei der Befragung zur Angst vor Stürzen während des Untersuchungszeitraums.

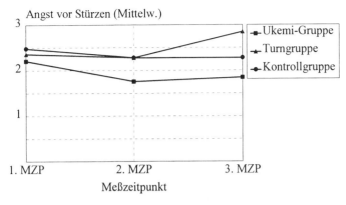

Abb. 32: Gruppenvergleich der Mittelwerte bei der Befragung zur Angst vor Stürzen

Zum 1. und 2. Meßzeitpunkt bleiben die Mittelwerte der Gruppen statistisch gleich. Erst zum 3. Meßzeitpunkt unterscheiden sich die Mittelwerte der Gruppen hochsignifikant ($p = ,0054$). Die Kurve der Ukemi-Gruppe nimmt im Vergleich zu den beiden anderen Gruppen einen positiven Verlauf. Die Angst vor Stürzen wird geringer. Der Wilcoxon-Test zeigte, daß sich die Unterschiede der Mittelwerte der Ukemi-Gruppe zwischen den Intervallen der Meßzeitpunkte (auf Trendniveau) verbesserten.

Hier läßt sich ein Quervergleich zu den im Abschnitt 4.1.4 dargestellten Sturzerlebnissen und Verletzungen ziehen. Die Schüler der Ukemi-Gruppe hatten bei der Befragung zu ihren bisher erlebten Sturzverletzungen einen hohen Anteil an Frakturen angegeben. Der eingesetzte Chi-Quadrat-Test für alle Gruppen zeigte im Bereich der Werte für Frakturen einen signifikanten Einfluß ($p = ,0651$) im Trendbereich an. Das konnte als Indikator dafür angesehen werden, daß diese Verletzungsart gegenüber den anderen Verletzungen ein beeinflussender Faktor war. Besonders im Bereich der Testaufgaben, die bisher nicht geübt worden waren (Hechtrolle über einen Kasten) oder die ein Verletzungs- und Sturzrisiko beinhalteten (Hocke über einen Doppelbock), mußte man mit negativen Auswirkungen auf die Bewältigung von emotionalen Zuständen wie Angst und Streß rechnen (vgl. BAUMANN 1993). Die Übungsmethoden der Judofalltechniken zeigten in diesem Komplex der Untersuchung bei der Befragung zur Angst vor Stürzen nach einem längeren Zeitraum eine positive Wirkung.

5. Diskussion der Ergebnisse und übungsmethodische Schlußfolgerungen
5.1 Interpretation der Ergebnisse und Hypothesenüberprüfung

In der zusammenfassenden Betrachtung zu den gewählten Testaufgaben und den Untersuchungsergebnissen wird der Schwerpunkt der Diskussion auf die Effekte der Ausbildung vom 1. zum 2. Meßzeitpunkt mit Judofalltechniken gelegt. In den Testaufgaben sollte entsprechend den Hypothesen untersucht und geprüft werden, ob
- eine gezielte Aneignung der Ukemi positive Effekte auf das Erlernen sportlicher
  Bewegungen mit Sturzrisiko hat (Hypothese 1),
- das Erlernen der Ukemi ein Fallen-Können bewirkt, welches die Aufmerksamkeit für
  Bewegungsaufgaben erweitert und die Bewegungsleistung verbessert (Hypothese 2),
- durch das Beherrschen der Ukemi sich die Bewegungsqualität im Prozeß des
  Erlernens sportlicher Bewegungen mit Sturzrisiko erhöht (Hypothese 3),
- durch die Aneignung der Ukemi sich die Angst vor einem Sturz verringert
  (Hypothese 4).

In der Aufgabe Hocke über einen Doppelbock gab es keinen Unterschied zwischen den Gruppen in der Bewegungsleistung "Note" während des gesamten Untersuchungszeitraums. Vom 1. zum 2. Meßzeitpunkt konnte die Turngruppe signifikante Verbesserungen in der Bewertung der Bewegungsleistung erreichen, während bei der Ukemi-Gruppe nur geringe Verbesserungen festzustellen sind. In den Komplexvariablen der Bewegungsqualität verbesserte sich die Turngruppe ebenfalls signifikant vom 1. zum 2. Meßzeitpunkt. Das bedeutet, daß durch die intensive turnerische Ausbildung dieser Schüler auch eine bessere Bewegungsqualität bei der Hocke erreicht wurde. Bei den Schülern der Ukemi-Gruppe konnten diese positiven Effekte nicht erzielt werden. Die Ergebnisse belegen, daß die eingesetzten Übungsmethoden im Intervall vom 1. zum 2.

Meßzeitpunkt nicht zu einer Verbesserung der Bewegungsqualität bei der Ukemi-Gruppe führten. Damit können die Hypothesen 1, 2 und 3 für die Ukemi-Gruppe nicht angenommen werden.

Differenziert zu bewerten und schwierig zu interpretieren ist das Ergebnis der Ukemi-Gruppe über den Gesamtzeitraum vom 1. zum 3. Meßzeitpunkt bei den Komplexvariablen der Bewegungsqualität. Hier hatten sich positive Effekte bei der Hocke über einen Doppelbock gezeigt.

In der Aufgabe Handballfallwurf unterschieden sich die Gruppen in der Bewegungsleistung "Kontakt" zum 2. Meßzeitpunkt hochsignifikant. In der Ukemi-Gruppe verbesserte sich die Bewegungsleistung vom 1. zum 2. Meßzeitpunkt. Dieser Zuwachs gegenüber den anderen Gruppen konnte bis zum 2., aber nicht bis zum 3. Meßzeitpunkt gehalten werden. Anders verhält es sich bei der Variable "Treffer". Hier konnte sich die Ukemi-Gruppe bis zum 3. Meßzeitpunkt in der Trefferzahl gegenüber den anderen Gruppen steigern. Durch eine größere Weite beim "Hecht" in den Kreis kamen die Werfer näher an das Ziel heran, bzw. durch ein verbessertes Fallen-Können weitete sich die Aufmerksamkeit und die Zahl der Treffer verbesserte sich.

In den Komplexvariablen der Bewegungsqualität unterschieden sich die Gruppen vor allem zum 2. und 3. Meßzeitpunkt. Die Ukemi-Gruppe erreichte hochsignifikante Verbesserungen in den Intervallen vom 1. zum 2. und vom 1. zum 3. Meßzeitpunkt. Für die Testaufgabe Handballfallwurf können die Hypothesen 1, 2, und 3 angenommen werden.

In der Aufgabe Hechtrolle über einen vierteiligen Kasten unterschieden sich die Gruppen in der Bewegungsleistung "Stützweite" zum 2. und 3. Meßzeitpunkt hochsignifikant. Vor allem die Ukemi-Gruppe konnte sich im Zeitabschnitt vom 1. zum 2. und vom 1. zum 3. Meßzeitpunkt verbessern. Dieser Leistungsanstieg ging mit einer Verbesserung der Bewegungsqualität einher. Damit können bei der Hechtrolle über einen Kasten in bezug auf die Ausbildung der Schüler mit Ukemi die Hypothesen 1, 2, und 3 als verifiziert angenommen werden.

Allerdings wurden auch in der Kontrollgruppe Verbesserungen der Bewegungsleistung (vom 1. zum 3. Meßzeitpunkt) und der Bewegungsqualität (vom 1. zum 2. Meßzeitpunkt) erreicht, die hier schwierig zu interpretieren sind. Die Hechtrolle war eine neue und spannende Übung, die in dieser Gruppe mit Interesse wahrgenommen wurde.

In der Befragung zur Angst vor der Höhe des Kastens ergab sich ein differenziertes Bild bei den Ergebnissen der Untersuchung. In der Befragung zur "Höhe des Kastens" als angstinduzierende Größe in der Testaufgabe Hechtrolle unterschieden sich die Gruppen zum 1. Meßzeitpunkt auf Trendniveau. Vom 1. zum 2. Meßzeitpunkt verbesserte sich dieser Aspekt signifikant bei der Ukemi- und Turngruppe und für den Zeitraum vom 1. zum 3. Meßzeitpunkt nur für die Versuchspersonen der Turngruppe (Trendniveau).

In der Untersuchung zur Angst vor Stürzen, die flankierend mit den Tests bei der Hechtrolle über einen Kasten erhoben wurde, unterschieden sich die Gruppen zum 3. Meßzeitpunkt hochsignifikant. Die Angst vor Stürzen konnte die Ukemi-Gruppe im Zeitraum vom 1. zum 2. und vom 1. zum 3. Meßzeitpunkt abbauen. Die Mittelwerte der Befragung reduzierten sich in beiden Intervallen auf Trendniveau. Die Ausbildung in Judofalltechniken eröffnete den Schülern die Möglichkeit, sich bei einem Sturz abzufangen und damit über ein gewisses Maß an Sicherheit zu verfügen. Die Hypothese 4 kann für die Ukemi-Gruppe in diesem Teilaspekt angenommen werden.

Eine Reduzierung der Angst vor Stürzen gab es bei der Kontrollgruppe vom 1. zum 2. Meßzeitpunkt auf Trendniveau und bei der Turngruppe vom 1. zum 3. MZP ebenfalls auf Trendniveau. Dieses Ergebnis ist nicht konstant und wie bei der Ukemi-Gruppe über alle geprüften Intervalle zu verzeichnen. Über diesen positiven Effekt kann man Vermutungen dahingehend aufstellen, daß bei der Kontrollgruppe auch ein gewisser Übungs- und Gewöhnungseffekt eintrat, da die Befragung flankierend zur Hechtrolle durchgeführt wurde. Bei der Turngruppe läßt sich vermuten, daß die sportartspezifische Ausbildung an verschiedenen Geräten, daß Überspringen und Hocken an Bock und Kasten dazu beitrugen, die Angst vor den Geräten und damit die Angst vor Stürzen abzubauen.

5.2 Übungsmethodische Schlußfolgerungen

Die Erörterung der Ergebnisse der Untersuchung zu Effekten der Judofalltechniken auf das Erlernen sportlicher Bewegungen zeigen ein differenziertes Bild der Möglichkeiten, die man mit den Ukemi erreichen kann.

Bei der turnerischen Ausbildung zum Üben, Erlernen und Festigen[13] der Hocke über einen Doppelbock, konnten mit den Ukemi keine positiven Effekte erzielt werden. Das heißt, mit dieser Übungsmethode konnte im Untersuchungszeitraum keine Verbesserung der Leistung, der Sicherheit und der Bewegungsqualität der Schüler im Turnen bei der Hocke erreicht werden. Trotzdem sollte ein Fallen-Können in der turnerischen Ausbildung nicht vernachlässigt werden. Es läßt sich vermuten, daß hier neben der reinen turnerischen Ausbildung eine andere Vorgehensweise gewählt werden muß, um positive Effekte erzielen zu können. Denkbar wären eine langfristige Übungsbegleitung und ein spielerisches Heranführen an das Fallen-Können vom frühen Schulalter an.

Anders kann man die Situation bei Bewegungsaufgaben einschätzen, die direkt mit dem Fallen verbunden sind. Ist das Fallen als Teil der Gesamttechnik in einer sportlichen Bewegung enthalten, kann man im Übungs- und Lernprozeß mit den Ukemi positive Effekte in der Bewegungsleistung und in der Bewegungsqualität erreichen. Aus diesem Ansatz kann man methodische Folgerungen für den Schulsport ableiten. Da es in Judo-Vereinen den Übungsleitern problemlos möglich ist, mit Kindern die Ukemi und das Fallen-Können zu erlernen, sollte das qualifizierten und gegenüber der Thematik "Fallen" aufgeschlossenen Sportlehrern ebenfalls möglich sein. Durch spielerische und kindgerechte Formen (vgl. SCHIERZ 1982; LUTZEIER 1986; SIGMUND 1996) kann man mit Elementen des Fallens in der Grundschule (vgl. FRÄNKERT 1997) beginnen. Dabei sollte besonders darauf geachtet werden, "Schockerlebnisse beim Fallen in der Anfängerausbildung zu vermeiden und ein richtiges Erlernen der Judotechniken sicherzustellen" (CLEMENS/METZMANN/SIMON 1989, S. 58).

---

[13] Die Hocke ist Lehrplanelement im Schulsport und wird schon vor der neunten Klassenstufe geturnt.

BAUMANN (1993, S. 241) hat darauf hingewiesen, daß gerade beim Erlernen schwieriger Bewegungen spezifische Ängste vor möglichen Stürzen vermieden werden sollen. Da viele Schüler nicht fallen können, scheuen sie sich von vornherein, ein Risiko bei schwierigen Aufgaben einzugehen. Sportlehrer begegnen diesem Problem, in dem sie methodischen Reihen folgen, in Teillernschritten vorgehen oder schwierige Elemente im Schulsport einfach nicht in ihr Übungsprogramm aufnehmen. Diese Situation läßt die Frage nach Alternativen zu.

Das Fallen als Bestandteil von Sportstunden kann durch vielfältige Gestaltungsmöglichkeiten, mit zeitlich und materiell geringem Aufwand, freudbetont und erlebnisreich praktiziert werden. Das kann auch ängstlichen und sportschwachen Schülern Ansporn zur Verbesserung ihrer Bewegungskompetenz sein. Ein gewisser Anteil vorbereitender Übungen, Fallgelegenheiten und Spiele zum Fallen (KARNER 1991) schaffen eine gute Basis zum Erlernen der Ukemi. Die Verbesserung der Bewegungsleistung und der Bewegungsqualität auch mit Ukemi kann Erfolgserlebnisse schaffen.

Im Bewußtwerden der Form (TIWALD 1979; VOLGER 1995), im Entwickeln und Überwinden der Formabhängigkeit (LIND 1992) entsteht ein Bewegungsverständnis für Judo und die Ukemi, das sich in einer Entwicklungslinie aus der Einheit von Wahrnehmung und Bewegung (WEIZSÄCKER 1986[5]), über "...es soll kein Hauch sein zwischen Denken und Tun" (PROHL 1997, S. 20) bis zum Fallen und "Werfen als Einheit von Denken, Wahrnehmung, Wollen und Machen" (SCHIERZ 1989, S. 70) versteht und dem japanischen Budo entspricht.

Literatur

ABRAHAM, A./HANFT, K./QUINTEN, S.: Zu Kategorien der Gymnastik.
In: BANNMÜLLER, E./RÖTHIG, P.: Grundlagen und Perspektiven ästhetischer und rhythmischer Bewegungserziehung. Stuttgart 1990, S. 209 - 243.

ALLMER, H.: Angst und Bewegungsausführung. In: RIEDER; H./BÖS, K./MECHLING; H./Reischle, K. (Hrsg.): Motorik und Bewegungsforschung. Schorndorf 1983. S. 250 -254.

ANGERMEIER, W.F./BEDNORZ, P./SCHUSTER, M.: Lernpsychologie. München 1991^2.

BAACKE, D.: Die 13 - 18jährigen. Weinheim/Basel 1984.

BAUMANN, S.: Formen der Angst und deren Vermeidung im Gerätturnen.
In: Leistungssport 9 (1979),4, S. 262 - 269.

BAUMANN, S.: Psychologie im Sport. Aachen 1993.

BINHACK, A./KARAMITSOS, E.: Karate-Do Philosophie in der Bewegung.
Wiesbaden 1992.

BIROD, M.: Judokurs. Reinbek bei Hamburg 1983.

BISANZ, G./GERISCH, G.: Fußball. Training, Technik, Taktik. Reinbek bei Hamburg 1991.

BOLLNOW, F.O.: Vom Geist des Übens. Stäfa 1991^3.

BÖS, K./MECHLING, H.: Dimensionen sportmotorischer Leistung. Schorndorf 1983.

BÖS, K./MECHLING, H.: Bilder-Angst-Test für Bewegungssituationen (BAT).
Göttingen, Toronto, Zürich 1985.

BUYTENDIJK, F.J.J.: Prolegomena einer anthropologischen Physiologie.
Salzburg 1967.

BÜHL, A./ZÖFEL, P.: SPSS für Windows Version 6.1. Praxisorientierte Einführung in die moderne Datenanalyse. Bonn u.a. 1996^3.

CHRISTIAN, P.: Vom Wertbewußtsein im Tun. In: BUYTENDIJK, F.J.J./CHRISTIAN, P./PLÜGGE, H.: Über die menschliche Bewegung als Einheit von Natur und Geist. Schorndorf 1967, S. 21 - 44.

CLEMENS, E./METZMANN, O./SIMON, K.H.: Judo als Schulsport. Schriftenreihe zur Praxis der Leibeserziehung und des Sports; Bd. 193. Schorndorf 1989.

CSIKSZENTMIHALYI, M.: Das Flow-Erlebnis: Jenseits von Angst und Langeweile: Im Tun aufgehen. Stuttgart 1987^2.

DESHIMARU-ROSHI, T.: Zen in den Kampfkünsten Japans. Weidenthal 1984.

DIETRICH, K./LANDAU, G.: Sportpädagogik. Reinbek bei Hamburg 1990.

DONSKOI, D., D.: Grundlagen der Biomechanik. Berlin 1975.

DUMOULIN, H.: Geschichte des Zen-Buddhismus. Bd. II. Bern 1986.

EDELMANN, W.: Lernpsychologie: Eine Einführung. München/Weinheim 1986^2.

ENNENBACH, W.: Bild und Mitbewegung. Köln 1991^2.

FELDENKRAIS, M.: Die Entwicklung des Selbstverständlichen. Frankfurt am Main 1987.

FLEISCHER, H.: Grundlagen der Statistik. Schorndorf 1988.

FRÄNKERT, G.: "Wir spielen Clowngeschichten". Fallen lernen im Bewegungsunterricht eines zweiten Schuljahres. Pädagogische Prüfungsarbeit zur zweiten Staatsprüfung für das Lehramt an Grundschulen (unveröffentl. Manuskr.). Studienseminar 10, Frankfurt am Main 1997.

FRIEDRICHS, J.: Methoden empirischer Sozialforschung. Opladen 1981.

FUCHS, A.: Das Eindrucksdifferential als Instrument zur Erfassung emotionaler Bedeutungsprozesse. In: BERGLER, R. (Hrsg.): Das Eindrucksdifferential. Theorie und Technik. Bern/Stuttgart/Wien 1975, S. 69 - 101.

FUHRER, U.: Handeln-lernen im Alltag. Bern/Stuttgart/Toronto 1990.

GEESINK, A.: 40 Grund- und Kampfwürfe. Groningen 1966.

GÖHNER, U.: Bewegungsanalyse im Sport. Schorndorf 1979.

GRÖBEN, B.: Handlungsregulation und Bewegungsqualität. In: NITSCH, R./HENNING, A. (Hrsg.): Emotionen im Sport. Köln 1995a, S. 73 - 81.

GRÖBEN, B.: Paradigmen des Bewegungslernens - Grenzen und Perspektiven. In: PROHL, R./SEEWALD, J.: Bewegung verstehen. Facetten und Perspektiven einer qualitativen Bewegungslehre. Schorndorf 1995b, S. 121 - 153.

GRUPE, O.: Einführung in die Theorie der Leibeserziehung und des Sports. Schorndorf 1980[5].

GRUPE, O.: Bewegung, Spiel und Leistung im Sport. Schorndorf 1982.

GRUPE, O.: Grundlagen der Sportpädagogik. Schorndorf 1984[3].

HAAK, K.: Mehrfachverletzungen im Kindesalter - eine retrospektive Studie. Diss. Erfurt 1993.

HACKFORT, D.: Theorie und Analyse sportbezogener Ängstlichkeit. Schorndorf 1986.

HACKFORT, D./SCHWENKMEZGER, P.: Angst und Angstkontrolle im Sport. Köln 1985[2].

HAHN, E.: Aufmerksamkeit. In: RÖTHIG, P. u.a. (Hrsg.): Sportwissenschaftliches Lexikon. Schorndorf 1992[6], S. 50 - 51.

HAHN, E.: Konzentration. In: RÖTHIG P. u.a. (Hrsg.): Sportwissenschaftliches Lexikon. Schorndorf 1992[6], S. 249 - 250.

HARRE, D.: Trainingslehre. Einführung in die Theorie und Methodik des sportlichen Trainings. Berlin 1979[8].

HECKER, G.: Vom guten Sinn der Unsicherheit. In: PROHL, R. (Hrsg.): Facetten der Sportpädagogik. Schorndorf 1993, S. 49 - 55.

HEILEMANN, K./MÜLLER, F.: Aufbautraining im Judo. Entwicklung und Erprobung eines trainingsmethodisch-psychologischen Stufenprogramms zur Ausbildung situationsangemessener Kampfhandlungen. Köln 1993.

HELLER, J./MOSEBACH, U.: "Fallstudien" im Volleyball - Analysen zum Fallen und zu Falltechniken. In: DANNEMANN, F. (Red.): Volleyball '95. Das Spiel im Jubiläumsjahr. 21. Symposium des Deutschen Volleyball-Verbandes 1995. Hamburg 1996, S. 29 - 40.

HERRIGEL, E.: ZEN in der Kunst des Bogenschießens. Bern/München/Wien 1993[34].

HERRMANN, P.: Neue Lehrmethoden der Judo-Praxis. Niedernhausen 1985.

HOFFMANN, J.: Aufmerksamkeit, Automatisierung und antizipative

Verhaltenssteuerung. In: DAUGS, R./BLISCHKE, K. (Hrsg.): Aufmerksamkeit und Automatisierung in der Sportmotorik. St. Augustin 1993, S. 97 - 120.

HOFFMANN, U.: Schnellkurs Statistik. Köln 1995.

HOFMANN, W.: Judo. Grundlagen des Stand- und Bodenkampfes. Niedernhausen 1983.

JANALIK, H.: Lebenslange Körpererfahrung durch Judo. In: TREUTLEIN, G./FUNKE, J./SPERLE, N.: Körpererfahrung im Sport. Aachen 1992², S. 107 - 129.

JANSSEN,J./LAATZ, W.: Statistische Datenanalyse mit SPSS für Windows. Berlin u.a. 1994.

KANO, J.: Kodokan Judo. Tokyo/New York 1989³.

KARNER, K.: Sicheres Fallen. Medienpaket Video und Skript herausg. von der Allgemeinen Unfallversicherungsanstalt Österreich. Wien 1991.

KRÜGER, H.: Abbau angstbedingter Bewegungsstörungen bei Judoanfängern (11. und 12. Jahrgangsstufe). Schriftliche Hausarbeit. Bezirksseminar für das Lehramt an Gymnasien. Bielefeld 1977.

KUNZ, T.: Psychomotorische Förderung - ein neuer Weg der Unfallverhütung im Kindergarten. Frankfurt am Main 1990.

KUNZ,T.: Weniger Unfälle durch Bewegung. Schorndorf 1993.

KURIHARA, T./WILSON, H.: Meisterliches Judo. London/Fulda 1966.

LEFRANCOIS, G. R.: Psychologie des Lernens. Berlin/Heidelberg 1986.

LEHMANN, G./MÜLLER-DECK, H.: Judo: Lehrbuch für Übungsleiter, Trainer und Aktive. Berlin 1987.

LEIST, K.-H.: Transfer im Sport. Schorndorf 1979.

LEIST, K.-H.: Transfer. In: RÖTHIG, P.: Sportwissenschaftliches Lexikon. Schorndorf 1992⁶, S. 532 - 533.

LEIST, K.-H.: Lernfeld Sport. Reinbek bei Hamburg 1993.

LEVITT, E. E.: Die Psychologie der Angst. Stuttgart u.a. 1987⁵.

LIND, W.: BUDO - Der geistige Weg der Kampfkünste. Bern/München/Wien 1992.

LOOSCH, E.: Psychologische Aspekte der Zweikampfsportarten. In:

MOSEBACH, U. (Hrsg.): Judo - Wurf und Fall. Schorndorf 1997, S. 76 - 90.

LOWEN, A.: Bio-Energetik. Therapie der Seele durch Arbeit mit dem Körper. Reinbek bei Hamburg 1981[5].

LUTZEIER, G.: Richtiges Fallen: Lehren und Lernen. Teil 1, Grundlagen; Teil 2, Fortgeschrittene Übungen. In: Lehrhilfen für den Sportunterricht 35, 9. Schorndorf 1986.

MARTIN, D./CARL, K./LEHNERTZ, K.: Handbuch Trainingslehre. Schorndorf 1993[2].

MAURER, F.: Lebenssinn und Lernen. Bad Heilbrunn 1992[2].

MECHLING, H.: Lernen. In: RÖTHIG, P. u.a. (Hrsg.): Sportwissenschaftliches Lexikon. Schorndorf 1992[6], S. 284 - 288.

MEINEL, K.: Bewegungslehre. Berlin 1971[4].

MEINEL, K./SCHNABEL, G.(Red.): Bewegungslehre. Berlin 1976.

MESTER, J.: Gleichgewicht. In: RÖTHIG, P. u.a. (Hrsg.): Sportwissenschaftliches Lexikon. Schorndorf 1992[6], S. 183.

MIEBACH, F./TIMM, K.-H.: Judo-Fallschule. Eine Trainingsanleitung für die Anfängerausbildung. In: Das Budo-ABC. Dreieich-Sprendlingen 1988, S. 229 - 240.

MIETH, R. (Bearb.): Judo, Texte zur Theorie der Sportarten. Band 3. Schorndorf 1980.

MIFUNE, K.: Judo Kampf und Technik. Frankfurt am Main 1967.

MOSEBACH, U.: Keine Angst vor dem Fallen. Lehrbogen für Bewegung, Spiel und Sport, Nr. 116. Seelze-Velber 1995.

MOSEBACH, U.: Untersuchungen zum Fallen und zur Falltechnik im Judo. In: Judo-Magazin 35 (1995), 8, S. 17 - 19.

MOSEBACH, U./PFEIFER, M.: Das Fallen - Störfaktor im Fußball? In: "Fußballtraining", Zeitschrift für Trainer, Sportlehrer und Schiedsrichter. Münster 1997, im Dr.

MOSEBACH, U. (Hrsg.): Judo - Wurf und Fall. Schorndorf 1997.

MOSEBACH, U./MOSEBACH, W.: Fallen im Handball - Nebensache oder wichtig?

In: "Handballtraining" 19 (1997), 5, S. 26 - 31.

MURRAY, J.F.: Effects of whole vs. part method of training on transfer of learning. In: Perceptual and motor skills, Maryland 1981, 53, S. 883 - 889.

MÜLLER, U./TREBELS, A.H.: Phänomenologie des Sich-Bewegens. In: HAAG, H. (Hrsg.): Sportphilosophie. Ein Handbuch. Schorndorf 1996, S. 119 - 143.

NIEKE, H.: Innere und äußere Kräfte bei der Wurftechnik im Judo. In: MIETH, R.(Bearb.): Texte zur Theorie der Sportarten. Schorndorf 1980. Bd. 3, S. 72 - 76.

NORMAN, D.: Aufmerksamkeit und Gedächtnis. Weinheim/Basel 1973.

NOWOISKY, H.: Meßplatzgestütztes Techniktraining im Judo. In: Judo-Magazin, Mainz 31, 1991, 1. S. 17 - 18.

OHGO, M.: Judo, Grundlagen und Methodik. Wiesbaden 1972.

PETERSON, L./RENSTRÖM, P.: Verletzungen im Sport. Handbuch der Sportverletzungen und Sportschäden für Sportler, Übungsleiter und Ärzte. Köln 1987[2].

PROHL, R.: Analytische Betrachtungen zum Begriff der "Bewegungsqualität" in Bewegungserziehung und Gymnastik. In: BANNMÜLLER, E./RÖTHIG, P.: Grundlagen und Perspektiven ästhetischer und rhythmischer Bewegungserziehung. Stuttgart 1990, S. 118 - 136.

PROHL, R.: Sportwissenschaft und Sportpädagogik. Schorndorf 1991.

PROHL, R. (Hrsg.): Facetten der Sportpädagogik. Schorndorf 1993.

PROHL, R.: Philosophie der Bewegung. In: HAAG, H. (Hrsg.): Sportphilosophie. Ein Handbuch. Schorndorf 1996, S. 92 - 117.

PROHL, R.: Die Zeitlichkeit der Selbstbewegung. In: PROHL, R./Seewald, J.: Bewegung verstehen. Schorndorf 1995, S. 17 - 56.

PROHL, R.: "...es soll kein Hauch sein zwischen Denken und Tun" - Gedanken über den "Weg" im Budo-Sport. In: MOSEBACH, U. (Hrsg.): Judo - Wurf und Fall.

Schorndorf 1997, S. 20 - 32.

PROHL, R./SCHEID, V.: Zur Konstruktion einer Skala für die Erfassung der emotiv-motivationalen Domäne der Rezeption sportbezogener Fachliteratur. In: Forschungsgruppe Unterrichtsmedien im Sport. Zeitschrift für Medien und Sport 6, 2/1984, S. 21 - 41.

PROHL, R./Seewald, J.: Bewegung verstehen. Schorndorf 1995.

ROTH, K.-D.: Lernen, motorisches. In: EBERSPÄCHER, H. (Hrsg.): Handlexikon der Sportwissenschaft. Reinbek bei Hamburg 1987, S. 252 - 258.

RÖTHIG, P.: Sportwissenschaftliches Lexikon. Schorndorf 1992^6.

RUCH, F.L./ZIMBARDO, P.G.: Lehrbuch der Psychologie. Berlin, Heidelberg, New York 1975^2.

SCHEID, V./PROHL, R.: Kinder wollen sich bewegen. Dortmund 1988^3.

SCHIERZ, M.: Fallen - ein Thema für den Sportunterricht? In: Sportunterricht, 10, 1982. S. 387 - 392.

SCHIERZ, M.: Judo Praxis. Reinbek bei Hamburg 1989.

SCHIERZ, M.: Bewegung verstehen - Notizen zur Bewegungskultur. In: PROHL, R./Seewald, J.: Bewegung verstehen. Schorndorf 1995, S. 99 - 118.

SIGMUND, R.: Anfängermethodik und neue Prüfungsordnung für Übungsleiter. Karben 1996.

SÖLL, H.: Psychomotorische Entwicklung im Kindes- und Jugendalter. Schorndorf 1982.

STAPELFELD, W.: Fußball - Zweikämpfe gewinnen. Frankfurt/M., Berlin 1993.

SUZUKI, D.T.: Der westliche und der östliche Weg. Frankfurt am Main/Bern 1991^{11}.

SÜSSENGUTH, G.: Judo im Schulsport - Chancen und Möglichkeiten. In: MOSEBACH, U. (Hrsg.): Judo - Wurf und Fall. Schorndorf 1997, S. 66 - 75.

TEIPEL, D. Studien zur Gleichgewichtsfähigkeit im Sport. Berichte und Materialien des Bundesinstituts für Sportwissenschaft. Köln 1995.

THIELE, J.: "Mit anderen Augen" - Bewegung als Phänomen verstehen. In: PROHL, R./SEEWALD, J. (Hrsg.): Bewegung verstehen.

Schorndorf 1995, S. 57 - 76.

TIWALD, H.: Zur Psychologie des Uchi-Komi-Trainings. In: Judo-Revue, 12 (1979), S. 8 - 12.

TÖPEL, D.: Der Kasten-Bumerang-Lauf - ein Test der motorischen Leistungsfähigkeit. In: Theorie und Praxis der Körperkultur 21. Berlin 1972, S. 736 - 742.

VESTER, F.: Denken, Lernen, Vergessen. München 1996[23].

VOLGER, B.: Lehren von Bewegungen. Ahrensburg bei Hamburg 1990.

VOLGER, B.: Bewegung lehren - aber wie? In: PROHL, R./Seewald, J.: Bewegung verstehen. Schorndorf 1995, S. 155 - 179.

VOLKAMER, M.: Experimente in der Sportpsychologie. Schorndorf 1978[2].

WALKER, J.: Ein Ball mit Drall. Unterhaltsame Experimente aus "Spektrum der Wissenschaft". Frankfurt am Main 1990.

WATANABE, J./AVAKIAN, L.: The secrets of Judo. A text for Instructors and Students. Tokyo 1981[9].

WILLIMCZIK, K.: Biomechanik. In: EBERSPÄCHER, H. (Hrsg.): Handlexikon der Sportwissenschaft. Reinbek bei Hamburg 1987, S. 70 - 80.

WOLF, H.: Judokampfsport. Berlin 1983[18].

WOLF, H.: Judo für Fortgeschrittene. Berlin 1986[14].

WOTTAWA, H.: Psychologische Methodenlehre. Weinheim/München 1993[2].

ZEEB, G.: Fußballtraining. Planung, Durchführung; 144 Trainingsprogramme. Wiesbaden 1993[4].

Verzeichnis der Abbildungen und Tabellen

Verzeichnis der Abbildungen

Seite

Abb. 1: Fallkräfte im Judo bei verschiedenen Techniken.................................16

Abb. 2: Technisch-taktische Anteile des Fallens im
Volleyball (vgl. HELLER/MOSEBACH 1996, S. 33)...........................21

Abb. 3: Anteilige Spielerpositionen am Fallen im Handball
(vgl. MOSEBACH, U./MOSEBACH, W. 1997, S. 30)..........................25

Abb. 4: "Der Gestaltkreis" als Einheit von Wahrnehmung und
Bewegung in der Formgenese von Organismus und Umwelt
(nach v. WEIZSÄCKER 1986^5, S. 132)...38

Abb. 5: "Dimensionen des Feldbegriffs Bewegungsqualität"
(aus PROHL 1991, S. 169)..44

Abb. 6: Wirkdimension des Untersuchungsgegenstandes sowie dessen
Interaktion...60

Abb. 7: Plan der empirischen Untersuchung zum Fallen-Können
und zum Bewegungslernen..67

Abb. 8: Die eingesetzten statistischen Verfahren der Datenauswertung zur
Bewegungsleistung und zur Bewegungsqualität im Design der
Untersuchung..73

Abb. 9: Gruppenvergleich der Körpergröße...77

Abb. 10: Sturzverletzungen der Vpn. der Ukemi-Gruppe.................................80

Abb. 11: Sturzverletzungen der Vpn. der Turngruppe......................................81

Abb. 12: Sturzverletzungen der Vpn. der Kontrollgruppe................................81

Abb. 13: Sturzverletzungen der gesamten Stichprobe......................................82

Abb. 14: Schema zum Wilcoxon-Test...89

Abb. 15: Die Benotung der Hocke über einen Doppelbock im Gruppenvergleich.......91

Abb. 16: Gruppenvergleich der Mittelwerte der Komplexvariable "schwer"
bei der Hocke über einen Doppelbock..98

Abb. 17: Gruppenvergleich der Mittelwerte der Komplexvariable "Zustand"
bei der Hocke über einen Doppelbock..99

Abb. 18: Gruppenvergleich der Mittelwerte der Komplexvariable "telisch"
bei der Hocke über einen Doppelbock..101

Abb. 19: Gruppenvergleich der Mittelwerte der Komplexvariable "autotelisch"
bei der Hocke über einen Doppelbock..102

Abb. 20: Gruppenvergleich 1. Bodenkontakt beim Handballfallwurf..................108

Abb. 21: Gruppenvergleich der Mittelwerte der Komplexvariable "schwer"............120

Abb. 22: Gruppenvergleich der Mittelwerte der Komplexvariable "Zustand"...........121

Abb. 23: Gruppenvergleich der Mittelwerte der "telischen"
Qualitätsdimension beim Handballfallwurf..123

Abb. 24: Gruppenvergleich der Mittelwerte der
"autotelischen" Qualitätsdimension beim Handballfallwurf..................123

Abb. 25: Versuchsaufbau zur Hechtrolle über einen Kasten..................................127

Abb. 26: Gruppenvergleich der "Stützweite" bei der
Hechtrolle über einen Kasten..129

Abb. 27: Gruppenvergleich der Mittelwerte der Komplexvariable "schwer"
bei der Hechtrolle über einen Kasten..139

Abb. 28: Gruppenvergleich der Mittelwerte der Komplexvariable "Zustand"
bei der Hechtrolle über einen Kasten..140

Abb. 29: Gruppenvergleich der Mittelwerte der "telischen" Qualitätsdimension
bei der Hechtrolle über einen Kasten..142

Abb. 30: Gruppenvergleich der Mittelwerte der "autotelischen"
Qualitätsdimension bei der Hechtrolle über einen Kasten..................142

Abb. 31: Gruppenvergleich der Mittelwerte der Variable "Höhe des Kastens"........149

Abb. 32: Gruppenvergleich der Mittelwerte bei der Befragung
zur Angst vor Stürzen..155

Verzeichnis der Tabellen

Seite

Tab. 1: Zeiten und Geschwindigkeiten von Wurftechniken..17

Tab. 2: Fallaktionen im Frauenhandball..23

Tab. 3: Fallaktionen im Männerhandball..24

Tab. 4: Variationsweite der Körpergröße..77

Tab. 5: Ergebnisse des Kasten-Bumerang-Laufs..78

Tab. 6: Ergebnisse des Bilder-Angst-Test (BAT)...79

Tab. 7: Werte des Chi-Quadr.-Tests der Verletzungsarten für alle Gruppen................83

Tab. 8: Kruskal-Wallis-H-Test zum Vergleich der Gruppenmittelwerte der Angst vor Stürzen (Voruntersuchung)...84

Tab. 9: Zusammenhang zwischen den Variablen Sturzangst und Fraktur..................85

Tab. 10: Kruskal-Wallis-H-Test zwischen den Gruppen zur Bewegungsleistung "Note" bei der Hocke über einen Doppelbock...88

Tab. 11: Wilcoxon-Test vom 1. zum 2. MZP für die Werte der Bewegungsleistung "Note" bei der Hocke über einen Doppelbock...89

Tab. 12: Wilcoxon-Test vom 1. zum 3. MZP für die Werte der Bewegungsleistung "Note" bei der Hocke über einen Doppelbock...90

Tab. 13: Kruskal-Wallis-H-Test bei der Hocke über einen Doppelbock zum 1. MZP..92

Tab. 14: Kruskal-Wallis-H-Test bei der Hocke über einen Doppelbock zum 2. MZP..93

Tab. 15: Der Wilcoxon-Test vom 1. zum 2. MZP für die Komplexvariablen "schwer" und "Zustand" bei der Testübung Hocke über einen Doppelbock...94

Tab. 16: Der Wilcoxon-Test vom 1. zum 2. MZP für die Komplexvariablen "telisch" und "autotelisch" bei der Testübung Hocke über einen Doppelbock..95

Tab. 17: Kruskal-Wallis-H-Test bei der Hocke über einen
Doppelbock zum 3. MZP...96

Tab. 18: Der Wilcoxon-Test vom 1. zum 3. MZP für die
Komplexvariablen "schwer" und "Zustand" bei der
Testübung Hocke über einen Doppelbock.....................................97

Tab. 19: Der Wilcoxon-Test vom 1. zum 3. MZP für die
Komplexvariablen "telisch" und "autotelisch" bei
der Testübung Hocke über einen Doppelbock..............................100

Tab. 20: Bivariate Korrelation mit dem Spearmanschen
Rangkorrelationskoeffizienten r für Variablen der
Hocke über einen Doppelbock..103

Tab. 21: Gruppenvergleich der Bewegungsleistung "Kontakt"
beim Handballfallwurf mit der Varianzanalyse............................107

Tab. 22: t-Test für abhängige Stichproben vom 1. zum 2. MZP
beim Handballfallwurf für die Bewegungsleistung "Kontakt"......109

Tab. 23: t-Test für abhängige Stichproben vom 1. zum 3. MZP beim
Handballfallwurf für die Bewegungsleistung "Kontakt"...............110

Tab. 24: Bivariate Korrelation mit dem Pearsonschen
Rangkorrelationskoeffizienten r für Variablen des Handballfallwurfs.........111

Tab. 25: Erreichte Treffer der Gruppen beim Handballfallwurf..................111

Tab. 26: Ergebnisse der Kreuztabellierung und des
Chi-Quadrat-Tests zum Zusammenhang der Variablen
"Treffer" und "Gruppe" beim Handballfallwurf im 1. MZP..........112

Tab. 27: Ergebnisse der Kreuztabellierung und des
Chi-Quadrat-Tests zum Zusammenhang der Variablen
"Treffer" und "Gruppe" beim Handballfallwurf im 2. MZP..........112

Tab. 28: Ergebnisse der Kreuztabellierung und des
Chi-Quadrat-Tests zum Zusammenhang der Variablen

"Treffer" und "Gruppe" beim Handballfallwurf im 3. MZP..........113

Tab. 29: Kruskal-Wallis-H-Test beim Handballfallwurf zum 1. MZP..........114

Tab. 30: Kruskal-Wallis-H-Test beim Handballfallwurf zum 2. MZP..........115

Tab. 31: Wilcoxon-Test vom 1. zum 2. MZP für die
Komplexvariablen "schwer" und "Zustand" beim Handballfallwurf..........116

Tab. 32: Wilcoxon-Test vom 1. zum 2. MZP für die
Komplexvariablen "telisch" und "autotelisch" beim Handballfallwurf..........117

Tab. 33: Kruskal-Wallis-H-Test beim Handballfallwurf zum 3. MZP..........118

Tab. 34: Wilcoxon-Test vom 1. zum 3. MZP für die
Komplexvariablen "schwer" und "Zustand" bei der
Testübung Handballfallwurf..........119

Tab. 35: Der Wilcoxon-Test vom 1. zum 3. MZP für die
Komplexvariablen "telisch" und "autotelisch"
bei der Testübung Handballfallwurf..........122

Tab. 36: Bivariate Korrelation mit dem Spearmanschen
Rangkorrelationskoeffizienten r für Variablen des
Handballfallwurfs..........125

Tab. 37: Gruppenvergleich der Bewegungsleistung "Stützweite" bei der
Hechtrolle über einen Kasten mit der Varianzanalyse..........128

Tab. 38: t-Test für abhängige Stichproben vom 1. zum 2. MZP
bei der Hechtrolle über einen Kasten für die "Stützweite"..........130

Tab. 39: t-Test für abhängige Stichproben vom 1. zum 3. MZP
bei der Hechtrolle über einen Kasten für die "Stützweite"..........131

Tab. 40: Kruskal-Wallis-H-Test bei der Hechtrolle über
einen Kasten zum 1. MZP..........133

Tab. 41: Kruskal-Wallis-H-Test bei der Hechtrolle über
einen Kasten zum 2. MZP..........134

Tab. 42: Wilcoxon-Test vom 1. zum 2. MZP für die
Komplexvariablen "schwer" und "Zustand" bei der

Testübung Hechtrolle über einen Kasten...135

Tab. 43: Wilcoxon-Test vom 1. zum 2. MZP für die
Komplexvariablen "telisch" und "autotelisch" bei der
Testübung Hechtrolle über einen Kasten...136

Tab. 44: Kruskal-Wallis-H-Test bei der Hechtrolle über einen
Kasten zum 3. MZP..137

Tab. 45: Wilcoxon-Test vom 1. zum 3. MZP für die
Komplexvariablen "schwer" und "Zustand" bei der
Testübung Hechtrolle über einen Kasten...138

Tab. 46: Wilcoxon-Test vom 1. zum 3. MZP für die
Komplexvariablen "telisch" und "autotelisch"
bei der Testübung Hechtrolle über einen Kasten....................................141

Tab. 47: Bivariate Korrelation mit dem Spearmanschen
Rangkorrelationskoeffizienten r für Variablen der
Hechtrolle über einen Kasten..144

Tab. 48: Vergleich der Mittelwerte mit dem Kruskal-Wallis-H- Test
bei der Variable "Höhe des Kastens"..146

Tab. 49: Wilcoxon-Test vom 1. zum 2. MZP für die Werte der
Variable "Höhe des Kastens"..147

Tab. 50: Wilcoxon-Test vom 1. zum 3. MZP für die Werte der
Variable "Höhe des Kastens"..148

Tab. 51: Kruskal-Wallis-H-Test zum Vergleich der Gruppen
bei der Untersuchung zur Angst vor Stürzen..151

Tab. 52: Wilcoxon-Test vom 1. zum 2. MZP zur Untersuchung der
Angst vor Stürzen in den Gruppen...152

Tab. 53: Kruskal-Wallis-H-Test zum Vergleich der Gruppen bei
der Untersuchung zur Angst vor Stürzen zum 3. MZP..........................153

Tab. 54: Wilcoxon-Test vom 1. zum 3. MZP zur Untersuchung der
Angst vor Stürzen in den Gruppen...154